课内海量阅读 之 增量阅读丛书

读老子 学成语

（修订版）

张建超 赵飞燕 韩兴娥 ◎主编

上

编 委

张凤英 张爱丽 张 泓 何竹妮 孟花层 张淑娟 杜建霞

江西人民出版社
Jiangxi People's Publishing House
全国百佳出版社

图书在版编目（CIP）数据

读老子 学成语．上册 / 张建超，赵飞燕，韩兴娥主编．
—修订本．—南昌：江西人民出版社，2016.10（2019.10 重印）
ISBN 978-7-210-08807-3

Ⅰ．①读… Ⅱ．①张… ②赵… ③韩… Ⅲ．①道家
②《道德经》－青少年读物 ③汉语－成语－青少年读物 Ⅳ．
① B223.1-49 ② H136.3-49

中国版本图书馆 CIP 数据核字（2016）第 228650 号

读老子 学成语（修订版·上册）

张建超 赵飞燕 韩兴娥 主编
策划编辑：童晓英
责任编辑：章 虹
书籍设计：游 珑
绘 图：鸽子绘画工作室
出 版：江西人民出版社
发 行：各地新华书店
地 址：江西省南昌市三经路 47 号附 1 号
编辑部电话：0791-88600717
发行部电话：0791-86898815
邮 编：330006
网 址：www.jxpph.com
E-mail：506593941@qq.com
2016 年 10 月第 1 版 2019 年 10 月第 3 次印刷
开 本：787 毫米 × 1092 毫米 1/16
印 张：12.25
字 数：148 千
ISBN 978-7-210-08807-3
定 价：20.00 元
承 印 厂：江西省和平印务有限公司
赣版权登字—01—2016—612

走进经典，汲取精华

——《读老子　学成语（修订版）》选编说明

一、选编缘由

2014年9月，习近平总书记针对语文教学现状，说过这样的话："我很不赞成把古代经典诗词和散文从课本中去掉，'去中国化'是很悲哀的。应该把这些经典嵌在学生脑子里，成为中华民族文化的基因。"《老子》（又名《道德经》或《道德真经》，后文统称《道德经》）作为世界闻名的哲学宝典之一、我国道家学派的开山之作，无疑是中华民族最重要的经典之一。

《道德经》全文八十一章、五千余言，用诗化的语言全面阐述了老子的哲学观、人生观和政治观。但千百年来，由于《道德经》的博大精深，其阅读现状令人担忧。"也许是老子的那个时代没有人真正理解老子，或许真正认识老子的时代至今还没有到来"（德国学者尤利斯·噶尔），普通读者只能敬而远之，而广大中小学生也少有机会在课堂上接触到《道德经》这部经典。

作为教育工作者，我们有责任向中小学生推介这部经典。此次，我们邀请"课内海量阅读"创始人韩兴娥老师加入编写团队，融入她"保证常量，落实增量，追求海量"的编写理念，共同认真研读《道德经》，参考大量文献资料，以学生喜闻乐见的成语为突破口，编写了《读老子 学成语（修订版）》，旨在由点及面、由浅入深，逐步引导学生通过阅读走近老子，走进经典，走进人生及社会的大课堂。

二、基本结构

成语以其凝练的语言、丰富的内容，在世间广为流传。本书所选的 80 条成语，内容积极、浅显易懂，既有《道德经》中首见的，也有老子引用其他诸子言论的，还有出自《道德经》并经后人加以提炼的。这套书中，与成语相呼应的是 160 个古今中外经典故事和 80 段有创意的师生对话。在编排时，我们按照成语所在章节的顺序逐一呈现，每四个成语为一章，共二十章，其中上、下册各十章。每章由六个板块构成，既各自独立，又相互联系。

1. 成语溯源。精选一条与成语相关的《道德经》原文，对重点字词进行注音和注解，有助于学生初步理解。

2. 成语释义。对成语的原意及引申义进行简要说明。

3. 增量阅读。遴选一篇经典故事，借此让学生了解成语和《道德经》的原文意思。

4. 增量发现。设计出增老师和量量两个人物形象,通过师生对话，引导学生多角度阅读和思考，拓展并深化主题。

5. 主题链接。收录一篇经典小故事，供学生巩固所学知识。

6. 积累与运用。每个单元后面设计了积累和运用两类试题，以此巩固和扩大学生的学习成果。

同时，为满足学生深入阅读的需要，在上、下册后面分别附有《道经》和《德经》的原文。

《道德经》一书是人类最古老、最系统的"大成智慧学"。从这个角度看，《读老子 学成语（修订版）》或许只是这条历史文化长河中的一朵浪花，是通向"玄之又玄"境界的一条小道，即便如此，我们也为自己的努力感到欣慰。但由于水平有限，难免错漏，真诚希望读者能提出宝贵意见，以帮助我们提高，我们会在今后的研究实践中做进一步改进。

编 者

2016 年 9 月 20 日

目　录

第一单元

● 有无相生（第二章）

● 功成不居（第二章）

● 无为而治（第三章）

● 和光同尘（第四章）

《道德经》，又名《道德真经》或《老子》，全书阐述了老子的宇宙观、人生观以及社会政治观。共八十一章，五千余言，分为卷上（前三十七章）、卷下（后四十四章），此两卷分别被称为《道经》和《德经》。

1 yǒu wú xiāng shēng
有 无 相 生

成语溯源

有无相（互相）生，难易相成，长短相形，高下相盈（"盈"通"呈"，呈现），音声相和，前后相随。

（选自《道德经》第二章）

成语释义

【有无相生】指有和无既相互对立，又相互依存、相互转化。

增量阅读

避实就虚画古寺

宋代皇家画院招生考试时，曾出过一个画题，题目叫作"深山藏古寺"。

阅卷时，评委老师发现多数考生画了古寺的全貌，周围是崇山峻岭，虽然突出了深山和古寺，但显得太过直白，没有把"藏"的韵味画出来；而有的应试者，只画了绿树掩映中的古寺一角，旁边是悬崖绝壁，评委老师认为这样的构思虽显得比较含蓄，但还是略显直白。后来，终于出现了一幅迥然不同的作品，应试者没有画古寺的一砖一瓦，只画了一条通往深山的石径和一个在溪边挑水的和尚。这个考生在"藏"字上做了文章，他虽然没有直接画古寺，但人们不难从通往深山的石径和挑水的和尚联想到"深山藏古寺"，这才是这幅作品的高明之处。

绘画中的虚笔、音乐中的间歇、篆刻中的残破、小说中的留白等都是运用避实就虚的手法,使得虚实相生,从而收到以无胜有、以少胜多的良好效果。

增量发现

量量: 增老师,这个考生真聪明,不画一砖一瓦,仅凭一条石径和一个挑水的和尚,就仿佛让我们看到了深山中的古寺。通过这个故事,我大概理解了老子这段话的意思:有与无互相生成("有无相生"),难和易互相促就("难易相成"),长与短互为显示("长短相形"),高与下互为呈现("高下相盈"),乐器的音响与人的声音相互调和("音声相和"),前与后连接相随("前后相随")。

增老师: 量量也很聪明,通过一个小故事就理解了老子这段话的深意。他告诉我们,一切事物在相反关系中显现相成的作用:它们互相对立而又相互依赖、相互补充。其实,现实生活中还有很多既对立又统一的范畴,比如善与恶、美与丑。

量量: 老师,照您这么说,我还知道一些例子,"欲速则不达"说明了快与慢的关系,"求同存异"说明了同与异的关系,"螳螂捕蝉,黄雀在后"则说明了得与失的关系。

增老师：量量真棒，看来你已经理解了"有无相生"的道理。在今后的生活中，我们要树立正确的价值观，顺应自然，不要过分追求不属于自己的东西，这样就会减少很多烦恼，让内心渐渐平和。

主题链接

皮匠和银行家

一个皮匠从早到晚不停地唱歌。人们无论见到他本人，还是听见他的歌声都觉得很愉快。他沉迷于自己的制鞋工作，觉得这比当国王还要满足。与他相反，他的邻居是个银行家，拥有万贯家财，却很少唱歌，晚上也不能安枕。他偶尔在黎明时分迷迷糊糊入睡，这时皮匠的歌声又把他吵醒了。银行家抱怨上帝，没有把睡眠制成一种像食品或饮料那样可以出售的商品。

有一天，银行家叫人把皮匠请来，问道："格雷戈时先生，你一年赚多少钱？"

"先生，你问我一年赚多少钱吗？"快乐的皮匠笑道，"我从来不算这笔账，我就这样一天一天地过日子，总而言之，年复一年，每天都有饭吃。"

"啊，朋友，那么你一天赚多少钱呢？"

"有时多一点，有时少一点。不过最糟糕的是，一年中总有些日子不准我们做买卖，否则我的收入也还算不错。"

银行家被皮匠的直率逗乐了，他说："我要让你从今以后不愁没钱用。你先把这一百枚金币拿去放好，需要时就用吧。"

皮匠觉得自己得到了全世界的财富。他回到家中，埋好金币，同时也埋葬了他的欢乐，他不再唱歌了。从他得到一百枚金币开始，他就默不作声。睡眠与他分手了，取而代之的是担心、怀疑和虚惊。白天，他的目光紧紧锁在埋藏金币的方向；夜间，如果有只迷途的猫弄出一点声响，他就以为有人来抢他的钱。

最后，这个可怜的皮匠跑到他那富有的邻居家里说："把你那一百枚金币拿回去，还我睡眠和歌声来。"

2　gōng chéng bù jū　功成不居

成语溯源

生而不有，为而不恃（shì，依赖、倚仗），功成而弗居。

（选自《道德经》第二章）

成语释义

【功成不居】形容立了功而不把功劳归于自己，也作"功成弗居""成功不居"。

增量阅读

"大树将军"冯异

冯异，字公孙，两汉之际颍川父城（今河南省宝丰县）人，东汉开国名将，云台二十八将之一。

冯异原本是王莽政权中的一名地方官员，绿林军起义后，冯异监管五县，与父城长官苗萌共同守城，替王莽抵御起义军。后刘秀率兵攻打父城，未能攻克，屯兵于巾车乡。冯异外出巡视属县时，被绿林军捕获。冯异表示：老母现在城中，如能释他回城，愿将所监五县奉上以报恩德。冯异的孝心得到了刘秀的赞赏，刘秀应允。等刘秀做了司隶校尉，带兵路过父城时，冯异果真践诺，打开城门带着肉牛、酒浆前去迎接。

之后王郎起事，刘秀率部众从蓟城疾驰南下，无论天气如何恶劣，冯异都尽己所能为刘秀奉上可口的食物。冯异为人谦逊，从不自夸己功，在路上与诸将相逢，常常赶着车让出道来。他一举一动都有一定的准则，军队上下称赞他做事井然有序。每次驻扎休息，诸将坐在一起评论各人的功劳，冯异都独自退避到大树底下，军中称他为"大树将军"。后来攻下邯郸，汉军变更编制，各将领都有分配给自己的官吏士兵，士兵们都说愿归"大树将军"统率，光武帝得知，对冯异大为赞赏。

冯异常年率兵在外，心不自安，曾上书说思慕朝廷，愿意回归宫室，光武帝不允。后来有人上奏章说冯异在关中独断专行，处死长安县令，权威极重，民众亲附，称他为"咸阳王"。光武帝便派人将奏章拿给冯异看。冯异读后极为惶恐，上书谢罪道："臣本一介书生，在战乱中得蒙圣恩，成为汉军的一分子。后承蒙圣上错爱，得以封侯拜将，遵圣上之命，执掌一方，建立了微不足道的功勋。这些都是圣上苦心思虑的成果，以愚臣的能耐绝对不可能达到。我暗自思索：由天子下诏命令开战，每次都能旗开得胜；我偶尔私下做出征战的决断，没有一次不后悔的。圣上有独到高明的眼光，时间越久越显得深远。我由此明白了'人性与天道，是无法得知的'。在兵戈兴起、天下纷乱之时，豪杰竞相争名逐利，受迷惑者很多。我在乱世之中得遇明主，在过往危险混乱的形势下尚且不敢行差踏错，更何况如今天下平定，上尊下卑，我怎会被自己的卑微爵位所蒙蔽，而不知思量陛下的巍峨高大呢？……"光武帝大为震动，下诏答曰："将军之于国家，义为君臣，恩如父子，有什么值得怀疑的，将军何必心怀恐惧呢？"

建武六年（公元 30 年）春，冯异赴洛阳朝见光武帝，光武帝对公卿大夫们说："冯异是我起兵时的主簿，他为我披荆斩棘，平定了关中。"冯异稽首谢道："臣听说管仲对桓公说过：'希望您不要忘记我曾射中您的带钩，我也不会忘记您押解我的囚车。'齐国就是依靠这种信赖逐渐强大起来的。我如今也希望圣上不忘河北之难，为臣也不敢忘巾车之恩。"建武十年（公元 34 年），冯异病逝于军中，谥（shì）号节侯。

著名史学家白寿彝（yí）曾这样评价他："冯异出身儒生……既有文才，也长于武略，不仅战功卓著，在云台诸将中名列前茅，而且治理郡政也是很有成绩。……其为人谦退不伐，居功不傲，可谓难能可贵。"

增量发现

量量：从"大树将军"冯异我联想到了季羡林，他被国人奉为"国学大师""学界泰斗""国宝"。但他在《病榻杂记》中坚决推辞这三顶"桂冠"，他说："三顶桂冠一摘，还了我一个自由自在身。身上的泡沫洗掉了，露出了真面目，皆大欢喜。"

增老师：他们都是功成不居的人。老子这段话告诉我们，（圣人）生养万物而不据为己有（"生而不有"），作育万物而不自恃己能（"为而不恃"），功业成就而不自居其功（"功成而弗居"）。在现实生活中，我们要发挥主观能动性，贡献自己的力量，成就伟大的事业，但与此同时，我们不应擅自将取得的成果据为己有，而应消解一己的占有冲动。

量量：增老师，由"功成不居"我又想到一些成语：形容功劳大的有"功德无量""丰功伟绩""功成名就""功高盖世"等，形容对待功劳不同态度的有"功成身退""居功自傲""坐享其功""将功补过"等。

增老师：量量的词汇真丰富。其实，《道德经》第九章也提到了这一观点："金玉满堂，莫之能守；富贵而骄，自遗其咎。功遂身退，天之道也。"老子是要告诫我们不可居功自傲，要学会全身而退。

主题链接

拯救法国的戴高乐

在第二次世界大战中，号称欧洲第一陆军强国的法国，抵抗了六个星期，就被德国人占领。当时的法国政府总理、"一战"的凡尔登战役英雄贝当元帅，宣布向德国投降。

法国宣布投降的当天晚上，当时的国防和战争部副国务秘书戴高乐将军立刻飞到伦敦发表演说，号召所有法国内地不愿屈服的人组成军队抵抗侵略，发起"自由法国"运动。

1944年，巴黎光复，戴高乐将军回到巴黎，他做的第一件事就是去巴黎圣母院做弥撒，感谢上帝拯救了法国。不甘心战败的德国人，早早地在巴黎圣母院的塔楼上安排了一名狙击手。但是，他们没有想到，这名狙击手折服于戴高乐将军的伟大人格，竟主动从塔楼上下来投降了。

接着，戴高乐将军开始主持战后法国的政务。在国家顺利光复之后，他功成身退，还辞去了临时政府总理一职。他下台之前，签署的最后一道命令，就是特赦了自己的老师贝当元帅。

戴高乐将军回到家中，待了近13年。直到1958年，法兰西第四共和国处于风雨飘摇之中，他又出来领导人民建立了第五共和国。今天的法国就是第五共和国的延续，戴高乐便是开国总统。他干了10年，任期届满之后便退休了。临别之际，他唯一的要求是带走爱丽舍宫内用了多年的旧书柜。他问管理人员能不能拿走这两个书柜，管理人员泣不成声地说："整个法国都是您拯救的，这里的任何东西您都有权带走。"最终，戴高乐将军让秘书按新书柜的价格付了款，把这两个旧书柜带走了。

退休之后，戴高乐将军拒绝领总统退休金，他说应该用这笔钱去慰问阵亡将士的家属，而他最终只是领了一份极其微薄的退休准将的薪金。

3 wú wéi ér zhì
无为而治

成语溯源

为（wéi，做）无为，则无不治（治理）。

（选自《道德经》第三章）

成语释义

【无为而治】本为道家的政治主张，指顺应自然，不求有所作为而使天下得到治理。儒家则用来指以德化人，无事于政刑。有时也用来指沿袭前代的制度，不轻易改变。

汉初刘邦的"无为而治"

汉朝初年，汉高祖刘邦崇尚黄老之学，推行"无为而治"的治国方略，为后期国家的富强和崛起打下了良好的基础。

刘邦出身农家，早年当过沛（Pèi）县泗水亭长，为人豁达大度，在当地小有名气。公元前209年，秦末农民起义爆发，百姓推举刘邦为沛公，领导大家起事。之后，刘邦进入咸阳城，以关中王自居，他明白得民心者得天下，天时地利只是一时之利，功业美名才能千古不朽。他和当地百姓约法三章：杀人者死，伤人及盗抵罪。秦朝的其他苛刻法制一律废除，这使他得到了百姓的支持。

公元前202年，刘邦正式称帝，统一中国，建立汉朝。西汉初期，经济萧条，国家贫穷。刘邦称帝后，以"文治之道"治理天下，重用儒生，诏令天下，广求贤才。汉朝的制度基本上是秦朝的延续，但是刘邦吸取了亡秦的教训，采取轻徭薄赋的休养生息政策，下令让士兵复员生产，免除若干年徭役；让逃亡在外的人回乡，发还原有的田宅；释放一些奴婢为平民；把田租定为十五税一，也就是国家征收土地产量的十五分之一作为田税，农民的税收负担降低到前所未有的程度。这些措施，促使西汉经济迅速恢复。

刘邦废除了秦朝的严刑酷法，提出了"德主刑辅"的治国思想，即以教化为主，刑罚为辅，达到了宽柔相济、严松相当的统治效果。他还采取宽松无为的政策，不仅安抚了人民，凝聚了民心，而且促进了汉代雍容大度的文化的形成，使饱受战乱的国人得以休养生息，为以后开创"文景之治"和汉武帝反击匈奴奠定了基础。

公元前195年，刘邦病逝，谥号高皇帝，庙号高祖。中国历史上第一位布衣天子，至此走完不平凡的一生。

增量发现

量量：增老师，我以前学过揠（yà）苗助长的故事。故事中，农夫为了使自己田地里的禾苗长得快，便将禾苗往上拔，禾苗反而快速地枯萎了。这告诉我们做事要顺应事物发展规律，无为而治，否则会事与愿违。

增老师：老子的话虽然简练，但含义深刻，为官者只要不乱为，不妄为，以顺应自然的态度处理万事（"为无为"），就没有什么是治理不了的（"则无不治"），这样才会出现国泰民安的景象。

量量：增老师，我明白了，我们对待学习的态度也应如此。那种为了提高学习成绩，加班加点、透支体力的做法就是妄为，是不可取的。

增老师：是呀，比如顺应人体和天时的变化来养生，就是无为，而为了长寿乱吃保健药，找大仙胡乱开药方，这就是妄为；如果一个人在工作中品行端正，竭尽己能，做好自己的分内事，而不过分强求，这就是无为，但为了利益不择手段，那就是妄为了。

太康之治

公元 265 年，司马昭病逝，他的长子——三十岁的司马炎继承了晋王之位，实际执掌曹魏政权。也就是在这一年，司马炎逼迫傀儡（kuǐ lěi）皇帝魏元帝曹奂（huàn）禅让，取而代之，改国号为晋，从此正式揭开了西晋王朝的历史大幕。此时，刚刚君临天下的晋武帝司马炎，面对的是百废待兴的局面。

为了尽早使国家从动乱不安的环境中摆脱出来，为统一奠定牢固的基础，无为而治成为西晋初年的立国精神。公元 268 年，晋武帝在诏书中明确指出："永惟保乂（yì）皇基，思与万国以无为为政（为永葆我大晋的江山，现以无为之法作为统领万国的核心）。"无为而治本是道家思想，运用在治国上，便是对百姓少干扰，不搞过多的建设，让百姓有安定的生活生产环境。他号召官员以身作则，并提出五条原则：正身、勤百姓、抚孤寡（guǎ）、敦（dūn）本息末、去人事。正身，即起好的带头作用。勤百姓，即关注民生，关注百姓生活。抚孤寡，即关心社会上的老人及家庭困难者。敦本息末，"本"指农业，"末"指商业，即重农抑商。去人事，就是不要把人际关系弄得烦琐。

司马炎身体力行，深得人心。有一次，司马炎大病初愈，大臣纷纷送礼祝贺，他很不高兴，认为一国之主不能贪图享乐，不顾百姓疾苦，遂严厉斥责送礼的大臣。

西晋初年，司马炎采取轻徭（yáo）薄赋、与民生息的政策，整体国势呈上升势头。公元 280 年，司马炎灭掉了东吴，统一了中国，建立了不朽的历史功绩。

天下归一之初，晋武帝司马炎无为而治、勤政爱民，使得社会稳定、经济繁荣、物产丰富、百姓安居乐业，史称"太康之治"。

4 和光同尘
hé guāng tóng chén

成语溯源

挫（cuò，挫磨、消磨）其锐，解其纷（纠纷、争端），和（隐蔽、蕴藏）其光，同其尘。

（选自《道德经》第四章）

成语释义

【和光同尘】指隐藏了自身的锋芒，把自己混同于世俗之人。后用来比喻不露锋芒，与世俗混同、随波逐流的处世态度。

增量阅读

普通的人，伟大的心

李凤章

我的家住在西郊一个叫挂甲屯的幽静的小村，离我的住宅不远有一处荒废了多年的吴家花园。1959 年下半年，吴家花园搬来了一个新住户。不久，人们就常常看到一位老人背着双手在村街的土路上沉思漫步。后来，也不知谁走漏了"风声"，小村子里的人们都知道了这个新住户就是被罢了官的彭老总（指彭德怀。因为他在庐山会议上坦率指出"大跃进"和人民公社化运动中存在的问题，被错误地打成"右倾机会主义反党集团"，接着被免去国防部长等职，谪居吴家花园）。从此，村里的老年人都亲切地喊他

"老头子"，孩子们则尊敬地称他"彭爷爷"。

一天黄昏，我和母亲在院子里乘凉，彭老总精神爽逸地来到我家。他穿一身染成了黑色的旧军服，脚上一双旧布军鞋，是再普通不过了。他和蔼可亲地询问我母亲的年龄，母亲告诉了他，他爽朗地笑着说："你比我大两岁，你是我的老姐姐。"从此，他便一直喊我母亲"老姐姐"，我的母亲也乐意地认下了这个找上门来的"弟弟"。后来，他便常常到村里一些人家去串门，询问人们的生活、队里的生产，拉家常，问疾苦，亲亲热热，无间无隔。谁也不相信终日生活在他们身边的这位如此平易近人的老人，竟是当年威震敌胆、横扫千军的元帅。

有一回，他在街上碰见了我，问我是否读过《马克思传》这本书，说这是一本好书，要我认真读一读。他还很有兴味地跟我讲起了马克思怎样为共产主义奋斗了一生。末了，他说："一个人活在世上，如果老想着自己，为自己活着，那他活着就是没有意义的。"从他那自言自语的神态中，我感到他并不是专门讲给我听的，倒像是他内心的严格的自励。

最使我不能忘怀的是我结婚那天，彭老总来我家串门。一进门就嗔怪起我的母亲来，说这样的大事为什么不告诉他。看他那认真的样子，倒真像是我家的一位至亲。他坐了坐，说了些祝福我们的话就走了。不一会，就派人给我们送来了礼物：一套玻璃酒杯和一幅仿制明代唐寅的《听涛图》织锦画。那酒杯一共六只，装在一个精致的小盒子里；六只杯子，六种颜色，六种花纹，透过那不同的色泽，看到里边仿佛永远装满了美酒。那幅画画的是一个老人孤独地坐在松林峡谷中，无限神往地听那松涛，听那山溪的流淌。画上的情景常常引起我对眼前这位老人当时境况的联想，特别是题画的那首诗，更让我体察到了彭老总内心的高洁："参天松色千年志，坐听涛声到黄昏。"这正是彭老总一生的写照。

他那身躯正像青松一样伟岸，革命意志正像青松一样葱翠！正是他，一生置自己于人民之中，他的心音永远和人民群众的心声交响着。

每逢佳节，我们全家拿出我冒着很大风险珍藏下来的酒杯，斟满芬芳的美酒，一起深情地怀念着：一个普通的人，一颗伟大的心！

增量发现

量量：我读过许多关于孔子的故事，知道他是一个受人敬仰的人，但他常和学生一起平起平坐地谈论问题，甚至有时候还觉得自己在某些地方不如自己的学生，他曾说："三人行，必有我师焉。"

增老师：没错，孔子曾受过老子的精心指点，他时刻牢记老子的告诫，那就是挫磨锐气（"挫其锐"），消解纷争（"解其纷"），隐蔽锋芒（"和其光"），混同于尘俗（"同其尘"）。这样做，就会心境平和、充满快乐，也能在吸取他人长处时令自己不断成长。

量量：增老师，我知道现代也有和孔子一样的人。我曾经读过季羡林的一个小故事，他作为北京大学的副校长，不摆架子，还主动为新入学的学生看行李呢！

增老师：是呀，央视的一位主持人还曾当面向季老核实过此事，他幽默地回答："有这么档子事！但关于其中的称谓得更正一下。那个新生当时不是称我'大爷'，而是称我'老师傅'！"

主题链接

季羡林给学生看行李

20世纪70年代，一个新生到北京大学报到。他初到京城，人生地不熟，战战惶惶。他行李太多，一个人肩扛手提很是费劲，更别提拎着这些行李去办理新生报到手续了。正在未名湖旁犯愁时，他看到一个穿着洗得褪色的中山装的老人，这个老人还佩戴着北大的红校徽，他当下断定这个人是学校的老校工，就主动向老人招呼说："老师傅，请帮我照看一下行李好吗？我去办理新生报到手续。"

老人爽快地回答："行！不过要快点回来。"

于是，那个新生手忙脚乱地把行李托付给手提塑料网兜路过的"老校工"。新生东奔西走，待忙完一切，已时过正午，这才想起扔在路边托"老校工"照看的行李，当即吓得灵魂出窍。他一路狂奔着找回去，只见烈日下那个"老校工"仍站在路旁，手捧书本，悉心照看自己的行李。

那个新生对"老校工"千恩万谢，庆幸自己吉人天相，头一次出远门，就碰上好人。

次日开学典礼，那个新生看见昨天帮他看管行李的"老校工"竟也端坐在主席台上。那个新生找人一打听，大吃一惊，原来这个"老校工"就是鼎鼎大名的北京大学副校长季羡林。

积 累 与 运 用

一、根据意思填成语。

1. 顺应自然，不求有所作为而使天下得到治理。（　　　　　　）

2. 形容立了功而不把功劳归于自己。（　　　　　　）

3. 有和无既相互对立，又相互依存、相互转化。（　　　　　　）

4. 隐藏了自身的锋芒，把自己混同于世俗之人。（　　　　　　）

二、想一想，选取本单元学过的一个成语填写在括号里。

1. 古代有个人叫严光，他和刘秀一起创业，当刘秀成为皇帝时，他却隐姓埋名，不知去向，后人称赞他（　　　　　　）。

2. 汉高祖刘邦建立汉朝后，采取顺应自然、（　　　　　　）的治国方略，为汉朝后来的兴盛和强大奠定了坚实的基础。

3. 感动中国的十大人物之一——原保山地委书记杨善洲，把自己当作一个普通的老百姓，达到了（　　　　　　）的境界，他走在大街上经常被老百姓叫去帮忙干活，所以人们亲切地称他"草帽书记"。

4. 皮匠虽然不像银行家那样拥有很多财富，但他有属于自己的快乐歌声，后来他得到了一百枚金币，却整天提心吊胆，失去了往日平静美满的生活，这里的有和无的变化就叫作（　　　　　　）。

第二单元

函谷关是老子著述《道德经》之处，是道家文化的发祥地，也是我国历史上建置最早的雄关要塞之一。它紧靠黄河岸边，因关在谷中，深险如函而得名。这里是古代西去长安、东达洛阳的通衢咽喉，是中原文化和秦晋文化的交汇地。这里还是战马嘶鸣的古战场，是千百年来兵家必争的战略要塞。

5 多言数穷

成语溯源

多言（政策法令）数（通"速"，加速）穷（困穷、穷途末路），不如守中（持守虚静）。

（选自《道德经》第五章）

成语释义

【多言数穷】指政策法令繁多驳杂，只会加速败亡。后比喻言多有失，多言往往会使自己陷入困境。

增量阅读

王莽改制

西汉末年，朝廷赋税劳役日益严重，统治阶级奢侈挥霍，弄得民穷国虚，阶级矛盾和统治阶级内部矛盾日趋尖锐，各地起义不断。公元8年，王莽称帝，改国号为新，史称新太祖，也称建兴帝、新帝。

即位后的王莽意图通过改制来缓和社会矛盾，从而树立自己的威信，巩固自己的统治。他掀起了空前绝后的改名运动，地名、官名、建筑名差不多都改了，他还任意调整行政区划和行政部门的职权。改一次已经够折腾了，王莽却一改再改，有的郡名一年间改了五次，最后又恢复如初。官吏和百姓根本记不住，所以每次颁发诏书和公文，都要在新名后注旧名，不但影响效率，造成浪费，而且让官民产生极端厌恶情绪。

在同周边各民族的关系上，王莽一改西汉自昭宣以来实施的民族平等政策，妄自尊大，将西域各国的王改封为侯，将匈奴改为"恭奴""降奴"，将"单于"改为"善于""服于"，将"高句丽"改为"下句丽"，引起周边各族强烈不满，汉与周边民族的关系日趋恶化，战争连年爆发。

王莽掌权后，根据史书上记载的井田制度，于公元9年颁布了王田、私属制（将全国土地改称"王田"，即废除土地私有制，实行土地国有制，私人不得买卖；将奴婢改称"私属"，不得买卖），这是王莽针对西汉后期最突出的土地和奴婢两大社会问题提出的解决办法。但是，商周时期的土地国有制早在战国以后即被封建土地私有制代替，至西汉末年，土地私有已成为封建土地制度的主要形式。因此，诏令一颁布，便遭到大小土地所有者的强烈反对，于是王莽不得不于公元12年，宣布取消王田、私属制。

王莽当政后，为了削弱汉朝旧族势力，以及对百姓的财富掠夺，以"托古改制"为名进行了四次币制改革。由于币制复杂混乱，民间交易很不顺畅，并且每次改制钱币越改越小，价格却越改越高，无形之中剥削了普通民众的财富，百姓深受其害，苦不堪言。

王莽的改制不仅未能挽救西汉末年的社会危机，反而使各种矛盾进一步激化，由于朝令夕改，政策法令繁多驳杂，多不切实际，百姓未蒙其利，先受其害。公元23年，以绿林军为主体的汉更始军及各部反莽势力攻破长安，王莽死于乱军之中，至此，新朝这个短命王朝终于灭亡。

增量发现

量量：王莽制定了很多政策法令，朝令夕改，虽然本意是好的，但是让百姓深受其苦，最后连整个王朝都断送了。这让我想起了之前学过的"无为而治"，老子是不是要告诉我们这个道理呀？

增老师：没错，老子强调的正是"无为"理念，他认为统治者应该遵循无为而治的治国方略，政策法令繁多驳杂，只会使国家加速败亡（"多言数穷"），不如持守虚静（"不如守中"）。其实，这是老子针对扰民之政提出的警告。随着时代发展，多言数穷这个成语有了更加丰富的内涵，它还告诫我们言多必失，不得逞一时口舌之快。

量量：我明白了。有时候，人说的话越多，越容易让自己陷入困境。所谓沉默是金，看似寡言少语，实际上它是一种积蓄和酝酿的过程。能言善辩固然重要，但有时候沉默寡言更显得可贵。

主题链接

言多必失

明太祖朱元璋出身贫寒，少年时曾为地主放牛，还一度为了果腹出家为僧，就是这样一个"草根青年"最终成就一代霸业，完成了惊心动魄的人生跨越。

一个人功成名就之后便很不愿意忆及当年的糗（qiǔ）事，朱元璋当上皇帝之后自然也是如此。

有一天，朱元璋儿时的一位穷伙伴来京求见。朱元璋很想见见旧日老友，可又怕他讲出什么不中听的话来，犹豫再三，还是让人传了进来。

那人一进大殿，便跪下高呼万岁："我主万岁！当年微臣随驾扫荡芦州府，打破罐州城。汤元帅在逃，拿住豆将军。红孩子当兵，多亏菜将军！"

朱元璋听他说得含蓄动听，回想起当年大家饥寒交迫时有福同享、有难同当的情形，心情很激动，立即重重封赏了这个老朋友。

消息一传出，当年一块放牛的另一个伙伴也找上门来了。见到朱元璋，他高兴极了，生怕皇帝忘了自己，便手舞足蹈地在金殿上说道："我主万岁！你还记得吗？那时候咱俩都给地主放牛，有一次我们在芦苇荡里把偷来的豆子放在瓦罐里煮着吃，还没煮熟，大家就争抢起来。罐子打破了，豆子撒了一地，汤泼在泥地里，你只顾从地上抓豆子吃，结果被红草根卡住喉咙。还是我出主意，叫你吞下一把青菜，才把那红草根吞进肚子里。"

当着文武百官的面，朱元璋既尴尬又气恼，便喝令左右："哪里来的疯子，来人，把他轰出去！"

其实，这两位老朋友说的是同一件事，只是一个说得委婉含蓄、恰到好处，另一个口无遮拦、不知分寸，结局便截然不同。可见，说话是一门重要的艺术，言多必有失。

6 用之不竭
yòng zhī bù jié

成 语 溯 源

玄（幽深莫测）牝（pìn，母性生殖器官，此处形容道生殖天地万物的能力）之门，是谓天地根（根本、根源）。绵绵（微而不绝）若存（存在而不可见），用之不勤（穷尽、穷竭）。

（选自《道德经》第六章）

成语释义

【用之不竭】无限取用而不会使用完，形容非常丰富。

增量阅读

苏轼与友人游赤壁

壬戌年（公元 1082 年）秋天，苏轼与友人在赤壁下泛舟游玩。清风阵阵拂来，水面波澜不惊，苏轼举起酒杯向同伴敬酒。不一会儿，明月从东山后升起，白茫茫的雾气横贯江面，水光连着天际。任凭小船漂流各处，感觉身子轻得似要离开尘世飘飞而去，有如道家羽化登仙。

这时，苏轼与友人喝酒喝得兴起，敲着船舷，打着节拍，应声高歌。一位会吹洞箫的客人，依着节奏为歌声伴和，洞箫呜呜作声，余音在江上回荡，像细丝一样连绵不绝。

苏轼的神色忧愁悽怆，他正襟危坐，向客人问道："箫声为什么这样哀怨呢？"客人回答："'月明星稀，乌鹊南飞'，这不是曹公孟德的诗么？从这里向西可以望到夏口，向东可以望到武昌，山河接壤连绵不绝，目力所及，一片郁郁苍苍。这不正是曹孟德被周瑜所围困的地方么？这样一位英雄人物，如今身在何方？再看你我二人，驾着一叶扁（piān）舟，举起杯盏相互敬酒，就像沧海中的一粒粟米那样渺小。我们的一生何其短暂，真羡慕长江无穷无尽啊！"

苏轼说道："你可也知道这水与月？流逝的就像这水，其实并没有真正逝去；时圆时缺的就像这月，终究无增无减。可见，从事物易变的一面看来，天地间没有一瞬间不发生变化；而从事物不变的一面看来，万物与自己的生命一样无穷无尽，又有什么可羡慕的呢？何况天地之间，万物各有自己的归属，若不是自己应该拥有的，即使一分一毫也不能求取。只有江上的清风，以及山间的明月，送到耳边便听到声音，进入眼帘便绘出形色。取用它们不会被人禁止，享用它们也不会有竭尽之忧。这是大自然恩赐的无穷的宝藏，你我尽可以一起享用。"

友人高兴地笑了，洗净酒杯重新斟酒。菜肴果品都已吃完，杯盘杂乱一片。大家互相枕着靠着睡在船上，不知不觉东方已经露出白色的曙光。

增量发现

量量：增老师，在我的印象中，世界上好像还没有用之不竭的东西，即使是我们常见的干净的淡水、清新的空气也都面临危机了。

增老师：没错，只是老子所说的是生养天地万物的道。这幽深莫测的母性之门（"玄牝之门"），是天地的根源（"是谓天地根"）。它连绵不绝地永存着（"绵绵若存"），作用无穷无尽（"用之不勤"）。

量量：我明白了，它就像母爱一样，虽然看不见、摸不着，但是实实在在地存在着，它孕育了我们，并始终伴随我们左右，呵护着我们健康成长。

增老师：对，孟母三迁、寸草春晖、儿行千里母担忧、舐（shì）犊情深等成语，都是赞美母爱的，也都包含着一个个感人的故事。透过母爱，我们能更深入地理解道的无穷无尽的作用。

主题链接

我的母亲（节选）

老 舍

在我的记忆中，母亲的手终年是鲜红微肿的。白天，她洗衣服，洗一两大绿瓦盆。她做事永远丝毫也不敷衍，就是屠户们送来的黑如铁的布袜，她也给洗得雪白。晚间，她与三姐抱着一盏油灯，还要缝补衣服，一直到半夜。她终年没有休息，可是在忙碌中她还把院子屋中收拾得清清爽爽。桌椅都是旧的，柜门的铜活久已残缺不全，可是她的手老使破桌面上没有尘土，残破的铜活发着光。

院中，父亲遗留下的几盆石榴与夹竹桃，永远会得到应有的浇灌与爱护，年年夏天开许多花。

与母亲相依为命的是我与三姐。因此，她们做事，我老在后面跟着。她们浇花，我也张罗着取水；她们扫地，我就撮土……从这里，我学得了爱花，爱清洁，守秩序。这些习惯至今还被我保存着。

母亲活到老，穷到老，辛苦到老，全是命当如此。她最会吃亏。给亲友邻居帮忙，她总跑在前面：她会刮痧，她会给孩子们剃头，她会给少妇们绞脸……凡是她能做的，都有求必应。但是吵嘴打架，永远没有她。她宁吃亏，不斗气。

可是，母亲并不软弱。联军入城，挨家搜索财物鸡鸭，我们被搜两次。母亲拉着哥哥与三姐坐在墙根，等着"鬼子"进门，街门是开着的。"鬼子"进门，一刺刀先把老黄狗刺死，而后入室搜索。皇上跑了，丈夫死了，鬼子来了，满城是血光火焰，可是母亲不怕，她要在刺刀下，饥荒中，保护着儿女。北平有多少变乱啊，有时候兵变了，街市整条地烧起，火团落在我们院中。有时候内战了，城门紧闭，铺店关门，昼夜响着枪炮。这惊恐，这紧张，再加上一家饮食的筹划，儿女安全的顾虑，岂是一个软弱的老寡妇所能受得起的？可是，在这种时候，母亲的心横起来，她不慌不哭，要从无办法中想出办法来，她的泪会往心中落！这点软而硬的个性，也传给了我。我对一切人与事，都取和平的态度，把吃亏看作当然的。但是，在做人上，我有一定的宗旨与基本的法则，什么事都可将就，而不能超过自己划好的界限，正像我的母亲。从私塾到小学，到中学，我经历过起码有二十位教师吧，其中有给我很大影响的，也有毫无影响的，但是我的真正的教师，把性格传给我的，是我的母亲，母亲并不识字，她给我的是生命的教育。

人，即使活到八九十岁，有母亲便可以多少还有点孩子气。失了慈母便像花插在瓶子里，虽然还有色有香，却失去了根，有母亲的人，心里是安定的；母亲不在了，便成了失了根的花草。

生命是母亲给我的。我之所以能长大成人，是母亲的血汗灌养的。我之能成为一个不十分坏的人，是母亲感化的。我的性格，习惯，是母亲传给的。她一世未曾享过一天福，临死还吃的是粗粮。唉！还说什么呢？心痛！心痛！

7 tiān cháng dì jiǔ 天 长 地 久

成 语 溯 源

天长地久。天地所以能长且久者，以（因为）其不自生，故（所以）能长生。

（选自《道德经》第七章）

成 语 释 义

【天长地久】本指天地存在的时间久远。后多用来形容时间悠久，多指感情永远不变。也作"地久天长"。

增量阅读

韩凭夫妇

战国时期，宋康王的舍人韩凭，娶何贞夫为妻。宋康王贪恋何氏美色，将其抢夺过去。韩凭心怀怨恨，宋康王便把他囚禁起来，并判韩凭服城旦之刑（一种苦刑，受刑者白天防敌站岗，夜晚筑城，此处指去城外做劳役）。何氏暗中送信给韩凭，故意使语句的含义曲折隐晦，信中说："那雨绵绵下不停，河流宽广水又深，太阳出来照我心。"不久，这封信落到了宋康王手中，他把信拿给身边的侍从看，侍从们无一人能看懂信中深意。这时，大臣苏贺回答说："'那雨绵绵下不停'，是说她心中愁思不止；'河流宽广水又深'，是说他们二人不能互相往来；'太阳出来照我心'，是说她对日盟誓，心中已有殉情之志。"不久韩凭就自杀了。

何氏暗中使自己的衣服朽烂。有一次，宋康王和何氏一起登上高台赏景，何氏趁机从高台上跳下去，宋康王的随从想拉住她，可她的衣服已经朽烂，经不住拉扯，何氏最终自杀身亡。她在衣带上留下遗书说："大王希望我活着，我却希望自己死去，请大王把我的尸骨赐给韩凭，让我们二人合葬。"

宋康王大怒，不听从何氏的请求，派韩凭夫妇的同乡埋葬他们，并让他们的坟墓遥遥相对。宋康王说："你们夫妇相爱不已，假如能使坟墓合起来，那我就不再阻挡你们。"哪知一夜之间，就有两棵大梓树分别从两座坟墓的顶端长出来，十来天就长到一抱粗。两棵树树干弯曲，互相靠近，树根在地下互相缠绕，树枝在上面相互交错。又有一雌一雄两只鸳鸯，经常在树上栖息，从早到晚都不离开，它们交颈悲鸣，凄惨的声音令人动容。宋国百姓哀悼韩凭夫妇，便将这种树命名为"相思树"，相思的说法便由此而来。南方人说这种鸳鸯鸟就是韩凭夫妇的精魂变成的。现在商丘睢阳还有韩凭城，那传颂韩凭夫妇的歌谣到今天还流传着。

韩凭夫妇对爱情天长地久的期盼长存于天地之间，为后世永远铭记。

增量发现

量量：韩妻何氏虽然只是个弱女子，但她不慕权贵、不畏强权、忠于爱情、宁死抗争，她与丈夫至死不渝的感情令人感动。他们令我想起了梁山伯与祝英台、牛郎与织女。这三对有情人虽命途坎坷，可他们的爱情却能与天地共存。

增老师：没错，天长地久这个成语在今天多用来形容感情永远不变。可是在《道德经》中，老子感叹的是天地运作不为自己的谦退精神。天地长久（"天长地久"）。天地之所以能够长久（"天地所以能长且久者"），是因为它们的一切运作都不为自己（"以其不自生"），所以能够长久（"故能长生"）。一个人如果能够舍己忘私，那么他的精神便能与天地共存。大公无私、先人后己、"先天下之忧而忧，后天下之乐而乐"，正是这类人共有的高贵品质。

量量：增老师，我想到了诗人臧克家的一首诗《有的人》："有的人活着，他已经死了；有的人死了，他还活着。"那些舍己为人的人就算生命逝去了，也依然能够活在我们心中。

主题链接

抗金英雄岳飞

岳飞，字鹏举，今河南安阳汤阴县人，南宋抗金名将，为南宋中兴四将之一。

岳飞为人谦和，孝顺父母，幼时便喜读兵书。宋宣和四年（公元1122年），岳飞应征入伍，开始了他的军戎生涯。几年后，岳飞投身宗泽麾（huī）下，以尽忠报国、收复中原为己任。岳飞智勇双全，屡建奇功，他率领岳家军同金军进行了大小数百次战斗，所向披靡，位至将相。

岳飞治军赏罚分明，纪律严整，又能体恤部属，以身作则，他率领的岳家军"冻杀不拆屋，饿杀不打掳"，全军士气高涨，令敌人闻风丧胆，当时金兵流传着一句话："撼山易，撼岳家军难。"

宋绍兴十一年（公元1141年），金国无力攻灭南宋，准备重新与宋议和。宋廷趁机打压手握重兵的将领，尤其是坚决主张抗金的岳飞、韩世忠二人。金军主帅完颜兀术（wù zhú）在给秦桧的书信中说："必杀岳飞，而后和可成也。"

四月，张俊、韩世忠、岳飞三名大将被调离军队，到临安枢密院供职。之后，岳飞遭到秦桧党羽的弹劾（hé），他们诬蔑岳飞援淮西"逗留不进"、主张"弃守楚州"，岳飞感到形势险恶，自请免职，随即被罢去枢密副使。被罢免后，岳飞无兵无权，但对他的迫害仍步步紧逼。在秦桧授意下，张俊私设公堂，捏造口供，将岳飞投入大理寺狱中。

岳飞义正词严地面对审讯，并袒露背上旧刺"尽忠报国"四个大字，主审官何铸见此，也十分动容。何铸查明岳飞受到诬告，如实禀告秦桧。秦桧改命自己的党羽万俟卨（Mòqí Xiè）主审此案。

可是这帮奸臣用尽手段，也无法使岳飞屈招一字。岳飞宁死不自诬，乃至以绝食抗争，经过儿子岳雷的照顾，才勉强支撑下来。

十一月初七，和议虽已达成，岳飞却始终未被释放。秦桧党羽见逼供不成，又为岳飞罗织了许多莫须有的罪名，最后宋高宗下达命令：岳飞特赐死。

腊月二十九（公元1142年1月27日），岳飞在大理寺狱中被杀害，他的供状上只留下八字绝笔："天日昭昭，天日昭昭！"

岳飞一生矢志抗金报国，立下赫赫战功，虽英年早逝，但他为国尽忠、为民谋福的精神却长存于天地之间，为后世人永远铭记，正如孙中山所言："岳飞魂，是中华民族的精神代表，也就是民族魂。"

8　先人后己
xiān rén hòu jǐ

成语溯源

是以圣人后其身（把自己放在后面）而身先，外其身（把自己置之度外）而身存。非以（因为）其无私邪？故能成其私（个人的目的、理想等）。

（选自《道德经》第七章）

成语释义

【先人后己】遇事先为别人着想，然后考虑自己，即优先考虑他人利益。

孔融一门争义赴死

孔融，字文举，鲁国（今山东曲阜）人，东汉末年文学家，"建安七子"之一。孔融少有贤名，四岁让梨之事为后世人传颂。现在，要为大家讲一讲孔融一门争义赴死的故事。

东汉桓帝、灵帝时，士大夫、贵族等对宦官乱政的现象不满，与宦官发生党争，史称"党锢（gù）之祸"（因宦官以"党人"罪名禁锢士人终身，令他们终身不得做官而得名）。党锢之祸前后发生过两次。第一次党锢之祸发生时，一个名叫张俭的山阳郡（今山东邹城）督邮因看不惯宦官侯览的家属在山阳作恶，上书弹劾，和侯览结下私仇。东汉建宁二年（公元169年），侯览为了报复张俭，便指使张俭的同乡朱并上书诬陷张俭与同郡长乐少府李膺（yīng）等二十四人别立名号，共为朋党，企图危害国家，从而发起第二次党锢之祸，天下各州郡动荡不安。

被通缉的张俭困迫遁走，沿路看到有人家就去投宿。众人敬服他的名节和品行，皆冒着家破人亡的牵连大罪保护他、收容他。孔融的哥哥孔褒（bāo）和张俭是至交好友，张俭逃亡途中曾投奔孔褒，恰巧孔褒外出，只有年仅十六岁的孔融在家。张俭见孔融年少，起初并不信任他，准备改投他处，孔融宽慰他道："哥哥虽然不在家中，我同样可以以主人的身份待客啊。"于是，孔融让张俭留宿在自己家中。

后来事情败露，朝中大臣秘密压下此事，张俭得以逃脱，可孔褒、孔融被逮捕入狱。审讯时，孔融率先认罪："张俭是来过我家，但已经走了，我哥哥当时并不在家，接待张俭的是我，要问罪，就由我一人承担好了，跟我哥哥无关。"孔褒连忙说："张俭要找的人是我，我弟弟并不知道他的来历，罪在我孔褒一人。"郡吏听他兄弟二人抢着认罪，一时不知如何是好，于是传讯孔母，不料孔母竟说："我的丈夫已死，我是一家之长，家人的所有罪责都应该由家长承担，我甘心认罪！"

孔融一门争义赴死，彻底将郡吏难住了，于是他将供词申奏朝廷，结果孔褒被定死罪，孔融因此事声名大噪。

增量发现

量量：孔融四岁的时候就知道把大梨子让给兄长，而把最小的梨子留给自己。他长大以后，一家人因为收容张俭蒙受牵连之危，却争相认罪，将生的希望留给他人，这说明他们都是先人后己的人，值得我们学习。

增老师：没错，老子告诉我们，所以有德之人把自己退在后面反而能赢得爱戴（"是以圣人后其身而身先"），把自己置之度外反而能保全性命（"外其身而身存"）。不正是因为他不自私吗（"非以其无私邪"）？反而能成就自己（"故能成其私"）。

量量：增老师，我明白了，凡事以他人利益为先是一种了不起的谦退精神，先人后己的人正是因为处处为他人着想，反而能够成就自己。

主题链接

六尺巷的故事

清朝时期，安徽桐城有一个名门望族，父子两代为相，权势显赫，这就是张英、张廷玉父子。清康熙年间，张英老家桐城的老宅与吴家（当时官拜安庆州知府，钦定五品）为邻，两座府邸之间有块空地，供双方往来交通之便。后来吴家建房，要占用这个通道，张家不同意，双方将官司打到县衙。县官顾虑两家家主都官位显赫，一个是朝廷一品大员，一个是他的顶头上司——州知府，均得罪不起，所以不敢轻易决断。

在此期间，张家人写了一封家书，让人捎给张英，请求张英出面干涉此事。张英收到家书后，沉思了片刻，写了一封回信："千里修书只为墙，让他三尺又何妨？万里长城今犹在，不见当年秦始皇。"家人接到回信，满以为张英定有锦囊妙计，让吴家知难而退，不想张英却让他们主动退让。看到回信，张家人深感羞愧，主动将院墙向后移了三尺。张家人的谦让旷达令邻居吴家感动不已，他们连忙也将院墙向后移了三尺。

两家人的争端很快平息了，两座府邸之间空出一条六尺宽的巷子，有张家的一半，也有吴家的一半。这条几十丈长的巷子虽短，留给人们的思索却很长。张英身为当朝宰相，可谓一人之下万人之上，可他不仗势欺人，不以权压人，主动说服家人先行退让，其宽广的胸襟令邻居吴家也做出退让之举。两家的相互礼让为后人称道，传为美谈。

积 累 与 运 用

一、根据意思填成语。

1. 政策法令繁多驳杂，只会加速败亡，后比喻言多有失，多言往往会使自己陷入困境。（　　　　　）

2. 无限取用而不会使用完，形容非常丰富。（　　　　　）

3. 天地存在的时间久远，后多用来形容时间悠久，多指感情永远不变。（　　　　　）

4. 遇事先为别人着想，然后考虑自己，即优先考虑他人利益。
（　　　　　）

二、想一想，选取本单元学过的一个成语填写在括号里。

1. 人们都希望彼此的亲情、爱情、友情能（　　　　　）。

2. 书的海洋里有取之不尽、（　　　　　）的知识。

3. 雷锋叔叔的一生虽然短暂，但他（　　　　　）的精神将永远激励我们。

4. 朱元璋的老朋友因为口无遮拦、说话不知分寸，差点惹祸上身。因此，我们要牢记老子的忠告："（　　　　　），不如守中。"

第三单元

老子，道家学派创始人，姓李名耳字聃，楚国苦县（今河南鹿邑）人，曾任周守藏室之史，深谙周朝图书典籍，学问博大精深，是我国古代伟大的哲学家和思想家，被唐朝帝王追认为李姓始祖。老子是世界百位历史名人之一，他的著作和思想早已成为世界历史文化的宝贵财富。

9 上善若水
shàng shàn ruò shuǐ

成语溯源

上（最好）善若水。水善利万物而不争，处众人之所恶（wù，厌恶），故几（jī，接近）于道。

（选自《道德经》第八章）

成语释义

【上善若水】指具备最高境界的善行之人，就像水一样（泽被万物而不争名利）。

增量阅读

老子和孔子的对话

孔子周游列国，到处宣扬行仁爱、复周礼、施仁政，但各诸侯国群起纷争，个个都想称雄称霸，渴望高人献计献策以富国强兵，而孔子却告诉他们不要争斗称霸，要善待百姓，善待其他诸侯国，施行仁政，这让野心勃勃的诸侯们很不满意。于是，处处碰壁的孔子多次问礼于老子。

一日，老子送别孔子，行至黄河之滨时，他手指浩浩黄河对孔子说："你为何不学学水的大德呢？"

孔子问："水有什么德行呢？"

老子说："上善之人好像水一样：水善于滋润万物而不和万物相争，停留在大家所厌恶的地方，这就是谦下之德。江海之所以能成为许多河流汇往的地方，是因为它善于处在低下的地位，所以能成为许多河流汇往之处。世间没有比水更柔弱的，但攻击坚强的东西没有能胜过它的，这就是柔德，所以弱能胜强、柔可克刚。无形的力量能穿透没有间隙的东西，我因此知道了不言的教导、无为的益处。"

孔子听后恍然大悟，说道："先生这番话使我茅塞顿开：众人都愿意处于上方，水却独处于下方；众人都愿意处于安全之地，水却独处于险境；众人都愿意处于清洁之地，水却独处于污秽之地。水所处之地都是人们厌恶的地方，谁会与它争呢？这就是水上善的原因吧。"

老子点头道："与世无争，则天下无人能与它争，这就是在效仿水的德行。水接近于道：道无所不在，水无所不利。所以，圣者随时而行，贤者应事而变；智者无为而治，达者顺天而生。"

孔子激动地说："先生之言，发自您的肺腑，浸润弟子的心脾，我受益匪浅，终生难忘。"说罢，他依依不舍地告别老子。

增量发现

量量：增老师，常听人说"人往高处走，水往低处流"，我还以为是在讽刺水呢，通过上面的故事我才知道这原来体现了水的高贵品质。

增老师：没错，老子说具备最高境界的善行之人好像水一样（"上善若水"）。水善于滋润万物而不和万物相争（"水善利万物而不争"），停留在大家所厌恶的地方（"处众人之所恶"），所以最接

近于道（"故几于道"）。具体点说，水避高趋（qū）下是一种谦逊（xùn），海纳百川是一种包容，滴水穿石是一种毅力，洗涤（dí）污浊是一种奉献。

量量：老师总结得真好，水看起来普普通通，原来有这么多值得学习的优秀品质啊！由"上善若水"我联想到今后一定要以水为榜样，做一个谦虚、包容、顽强、无私的人。

主题链接

商人与智者

一位年轻的商人被搭档出卖，痛不欲生，想跳湖自尽。他在湖边碰到一位观水静坐的智者，便将自己的境遇逐一细述。

智者微笑着将他带回家中，令其从地窖（jiào）里搬出一块很大的坚冰。商人虽然百思不得其解，但还是照做了。冰块搬出来后，智者吩咐："用力砍开它！"

商人找来斧头便砍，不料猛烈的重击只能在冰面上划下一道细微的印记。商人又抡（lūn）起斧头，全力劈凿（pī záo）。一会儿，对着掉落的冰屑，他气喘吁（xū）吁地摇头："这冰实在太硬了！"

智者不语，将冰块放在铁锅中煮。随着温度的升高，冰块慢慢融化。智者问："你从中有所领悟没有？"

商人说："有些领悟了。我对付冰块的方式不对，不该用斧头劈，得用火烧。"

智者摇头。商人面露难色，鞠躬（jū gōng）请教。智者语重心长地说："我所让你看到的，是成功人生的七种境界。

冰虽为水，却比水强硬百倍。越在寒冷恶劣的环境下，它越能体现出坚如钢铁的特性。这是成功人生的第一种境界：百折不挠（náo）。

水化成气，气无形无色，若气在一定的范围内聚集在一起形成聚力，便会变得力大无穷。这是成功人生的第二种境界：聚气生财。

水净化万物，无论世间万物多脏，它都敞开胸怀无怨无悔地接纳，然后慢慢净化自己。这是成功人生的第三种境界：包容接纳。

水看似无力，自高处往下流淌，遇阻挡之物，耐心无限，若遇棱（léng）角磐（pán）石，既可把棱角磨圆，亦可水滴石穿。这是成功人生的第四种境界：以柔克刚。

水能上能下，上化为云雾，下化作雨露，汇涓涓细流聚多成河，从高处往低处流，高至云端，低入大海。这是成功人生的第五种境界：能屈能伸。

水虽为寒物，却有着一颗善良的心。它从不参与争斗，哺育了世间万物，却不向万物索取。这是成功人生的第六种境界：周济天下。

雾似缥缈（piāo miǎo），却有着最为自由的本身。聚可集云结雨，化为有形之水，散可无影无踪，飘忽于天地之间。这是成功人生的第七种境界：功成身退。"

年轻商人听罢恍然大悟，起身道谢作别。

10 <ruby>物<rt>wù</rt></ruby><ruby>极<rt>jí</rt></ruby><ruby>必<rt>bì</rt></ruby><ruby>反<rt>fǎn</rt></ruby>

成语溯源

持（拿、端）而盈（满）之，不如其已（止）。揣（zhuī，捶打）而锐之，不可长保。

（选自《道德经》第九章）

成语释义

【物极必反】指事物发展到极点，必定会向相反方向转化。

增量阅读

秦始皇的暴政

说到秦始皇，人们自然会想到他统一中国，建立专制主义中央集权制度，推行郡县制，统一文字、货币与度量衡，修筑长城、驰道和直道，以及北伐匈奴等。然而，很多史学家认为秦始皇是一个暴君，为了权力不择手段，他的负面影响也为后世留下了深刻印象。

公元前247年，秦庄襄王驾崩，年仅13岁的嬴政被拥立为秦王。他虽依靠自己的智慧剪除了为害多年的外戚势力，但也养成了冷酷贪鄙之心，为之后秦王朝的覆灭埋下了不可逆转的祸根。

公元前221年，嬴政称帝，此后其暴虐本性益发凸显，几乎达到残暴无情的程度。他不顾国力空虚，大肆修筑豪华宫殿、陵墓、长城等大型工程，不仅投入了数以百万计的民夫，还耗费了不计其数的钱财。单一条万里长城，便造成数十万人丧生，上百万家庭妻离子散。当时流传这样一句民谚："关中无闲人，秦岭无整家。"

秦始皇还有一个近乎变态的习惯——每灭一国，都要把该国的王宫在咸阳附近仿造一遍，总面积达到了惊人的程度。据史料记载，关中地区自渭（Wèi）河以北，雍（Yōng）门以东，直到泾（Jīng）河一带，全部都是宫殿群。

为了维持庞大的军费开支与工程建设开支，满足穷奢极欲的生活，秦始皇不惜对民众收取重税，百姓穷困至极、怨声载道，可他不但不纠改，有时甚至变本加厉。

自商鞅变法以来，秦国法令便十分严苛。秦始皇为了维持其霸权统治，在此基础上制定了更加残酷的严刑峻法。单死刑就有车裂等十余种，而且一人有罪，家族和邻里都要受到牵连。老百姓在这样严酷的环境下，只能战战兢兢地生活着。

最让后世震惊的是秦始皇为了巩固霸业，横征暴敛之余还封杀了国民的言路，禁锢了贤达的思想，最终以"焚书坑儒"实现了一言堂与大一统，严重地阻碍了社会进步与人文发展，致使专制与暴虐走向极端。

作为一个皇帝，秦始皇敢于抛弃陈腐的思想，锐意进取，是值得肯定的。但以牺牲民众幸福为代价的强大，则显得异常脆弱。公元前 210 年，秦始皇驾崩于沙丘（今河北广宗），他无论如何也想象不到，公元前 207 年，昔日辉煌无比的秦王朝便灰飞烟灭了。

增量发现

量量：老子这段话是什么意思啊？它跟秦始皇的暴政又有什么联系呢？增老师，请您给我解答一下吧！

增老师：老子是用盛水的容器和金属器具做比喻，告诉我们物极必反的道理。他的意思是（手中）端的容器已经盛满了水（"持而盈之"），不如适时停止（"不如其已"）。捶打器械使之锋利尖锐（"揣而锐之"），（锐势）不可能保持长久（"不可长保"）。

量量：我明白了，秦始皇完成统一大业，令秦王朝盛极一时，但他对人民的统治过于残暴且不知收敛，人民不堪其苦、怨声载道，所以奋起反抗，最终秦王朝二世而亡。

增老师：秦始皇对秦国的残暴统治已经达到极点，所以才有了陈胜吴广起义。此次起义撼动了秦国的根基，使大秦迅速走向灭亡。下面的故事中，颜回正是根据物极必反的道理推断鲁定公的马必会跑掉的。

主题链接

颜回断马

有一次，鲁定公饶（ráo）有兴致地问颜回："先生，您听说过东野毕很擅长驾车吧？"

颜回答道："擅长是很擅长，不过他的马将来必会跑掉。"

鲁定公听了很不高兴，东野毕擅长驾车是众所周知之事，可如今，颜回却说他的马将来必会跑掉。鲁定公不知颜回是何居心，便对左右侍从说："原来君子也会诬（wū）人啊！"

颜回听后，并没有为自己辩白，便退了出去。

过了三天，掌管畜牧的官员突然跑来报告鲁定公："东野毕的马逃跑了。车两旁套马的缰（jiāng）绳断裂了，两匹骖（cān）马拖着两匹服马(在两旁驾车的马为骖马，在中间驾车辕的马为服马)回到了马厩（jiù）中。"

鲁定公一听，惊坐而起，急忙唤人驾车将颜回接来。

颜回到后，鲁定公便向颜回请教道："前两天寡人问您东野毕擅长驾车的事，先生您说：'擅长是很擅长，不过他的马将来必会跑掉。'不知您是如何知道的呢？"

颜回起身答道："臣是根据政事知晓的。从前舜帝很巧妙地使用民力，造父很巧妙地使用马力。舜不把人民逼到走投无路，造父也不把马逼到走投无路，因此舜帝治下没有逃跑的人，造父手下没有逃跑的马。如今东野毕驾车，上车就拉紧马辔（pèi）头，马嚼子和马身都很端正，驾车的缓急快慢、进退奔走也很符合朝廷礼仪，历尽艰险到达很远的地方，马已经筋疲力尽了，可他仍然对马责求不止。我是根据这些知道马会逃跑的。"

鲁定公赞赏道："说得好！您能否再进一步说明呢？"

颜回答道："臣曾听说，鸟被逼到走投无路时就会啄人，兽被逼到走投无路时就会抓人，人被逼到走投无路时就会欺诈他人。从古到今，还没有使臣民走投无路而能没有危险的君主啊。"

颜回观东野毕驾车，能以政事推知他的马必会逃跑，二者看似毫无关联，细想之下，便能明白其中道理：过犹不及，物极则反。

11 jīn yù mǎn táng
金玉满堂

成语溯源

　　金玉满堂,莫之能守;富贵而骄,自遗(yí,招致)其咎(jiù,灾祸、祸患)。功遂(功业成就)身退(敛藏锋芒),天之道(自然的规律)也。

(选自《道德经》第九章)

成语释义

【金玉满堂】形容财富非常多,后用来比喻才能出众、学识渊博。

增量阅读

李斯的沉浮

　　李斯生于战国末年,是楚国上蔡人,年轻时曾做过掌管文书的小吏。有一次,他在厕所里看到一个老鼠正在吃肮脏的粪便,一见到人或者狗便吓得逃跑了。而粮仓中的老鼠吃的却是堆积如山的谷粟,住着宽大的房舍,无须担忧人或者狗前来惊扰。于是,他感叹道:"一个人有没有出息,就如同老鼠一样,是由自己所处的环境决定的。"

　　这就是李斯的"老鼠哲学"。为了成就一番大业,李斯辞官去齐国求学,师从于当时颇负盛名的荀(Xún)子。学成之后,李斯决定去秦国谋求发展。他认为做大事者必须相机而动,如今各国争雄,正是建功立业的好时机,而秦国有一统天下的雄心和实力,去那里方可一展抱负。人生在世,卑贱是最大的耻辱,穷困是莫大的悲哀。长久地困于卑贱贫穷之境,只知埋怨世道不公、鄙（bǐ）薄功利、无所作为,绝不是读书人所希望的。

临别之际,荀子告诫（jiè）李斯要注意节制,谨记"物忌太盛",凡事为自己留条后路。

李斯到了秦国以后,去丞相吕不韦门下当门客,很快便得到吕不韦的器重,当上了秦国的小官,有了接近秦王的机会。之后,他积极地为秦王出谋划策,劝说秦王抓住时机统一天下、消灭六国,并献上离间各国君臣之计,提出"先灭韩,以恐他国"的吞并顺序。此番言论正合秦王心意,于是他马上被提拔为长史。同时,秦王用李斯之计,派人持金玉去收买、贿赂、离间六国的君臣,又派名将率重兵以武力威胁,迫使六国就范。十余年时间,李斯就帮助秦王登上始皇帝之位,完成了统一天下的大业,他也因此升任一人之下万人之上的丞相。此时的李斯可谓荣华富贵,享之不尽。

可是他不知满足,秦始皇死后,他为了个人得失,中了赵高的圈套,与赵高合谋伪造诏（zhào）书,赐死长子扶苏,立胡亥为帝。他没有想到,这个昔日的"盟友"最终成为他生命的终结者。赵高诬陷李斯与其儿子李由谋反,对李斯严刑拷打,刑讯逼供。李斯不堪忍受酷刑折磨,被迫承认谋反,于公元前208年腰斩而亡。

李斯为官多年,辅佐秦始皇取得了巨大成就,实现了自己飞黄腾达的梦想,可是他忘记了荀子"物忌太盛"的教诲,将权势和地位看得过重,最终落了个可悲的下场。

增量发现

量量：李斯位极人臣，享受着荣华富贵，可是他把地位和权势看得太重，不记得老师荀子"物忌太盛"的告诫，不知急流勇退，导致原本富贵的生活也守不住了，拥有的过人才华也不能帮自己渡过难关。他由富贵而生骄纵之心，终于给自己招致祸殃。

增老师：没错，所以老子告诫我们财富太多，无法守藏（"金玉满堂，莫之能守"）；富贵而骄横，自取祸患（"富贵而骄，自遗其咎"）。功成业就，敛藏锋芒，才合乎自然规律（"功遂身退，天之道也"）。

量量：难怪从古到今，一些人在功成名就之后，要么选择急流勇退，要么选择为社会多做善事。美国洛克菲勒家族经历了一个多世纪的创业发展，积累的财富数不胜数，但是他们没有整天躲在房间里计划如何守住自己的财富，而是积极地参与文化、卫生与慈善事业，将大量的资金用来建立各种基金，投资大学、医院，让整个社会分享他们的财富。

增老师：是啊，财富取之于民，所以要用之于民，这也印证了古人所说的"敛财失众，散财聚众"的道理。一个人的财富观决定了他的"敛财"或"散财"取向，也在很大程度上决定了他事业的生命力。

红顶商人胡雪岩

胡雪岩，安徽绩溪人，是晚清时期富可敌国的著名徽商，同时也是一名政治家，曾得慈禧太后御赐黄马褂，被称为红顶商人。

胡雪岩出身贫寒，年幼丧父，以帮人放牛为生，但是他人穷志不短，少年时就表现出诚信不贪的高尚品质。据说有一次在放牛途中，他捡到了一个包袱，里面全是白花花的银子。他把牛拴在路边吃草，将包袱藏起来，然后坐在路边等待失主。几个时辰后，失主才慌慌张张地找了过来，胡雪岩问清情况后，将包袱还给失主。这位失主原来是杭州的大客商，不久他又来到绩溪，把胡雪岩带到杭州学做生意。

胡雪岩凭借自己的天赋和努力，在短短几年间迅速发迹。他一手创办了与同仁堂齐名的药业帝国胡庆余堂，被称为"江南药王"；开办阜康钱庄，从事贸易，支行遍布大江南北；仗义相助，先后多次向外国银行贷款，资助左宗棠收复新疆；协助清政府开办洋务运动，为中国近代的政治和经济做出了巨大贡献。

然而，在商场上驰骋多年、风光无限的胡雪岩晚年时期却家道中落，被罚抄家，不禁令人扼腕。他的失败，是由多方面原因造成的。

首先，胡雪岩充当了左李政治斗争的牺牲品。胡雪岩先后以王有龄和左宗棠为靠山，一步步走向事业的巅峰。然而，朝廷重新起用李鸿章后，胡雪岩作为左宗棠的左膀右臂，使得左李斗争的矛头指向了他，而他没有丝毫察觉，也未做任何防御措施。

其次，胡雪岩从商后期，不听他人劝告，行事冒进，因试图

（tún）积的大量生丝销售不动，资金周转不灵，他辛苦经营的胡氏商业王朝终于土崩瓦解。

垄断江浙生丝出口贸易而激怒洋商，使得囤（tún）积的大量生丝销售不动，资金周转不灵，他辛苦经营的胡氏商业王朝终于土崩瓦解。

最后，中国两千多年以来"重农抑商"的传统和钱庄体制上的落后制约了胡雪岩的发展。当他濒临破产时，朝廷并没有顾念他曾立下汗马功劳，帮他渡过难关，反而让他限期偿还朝廷欠款，以致抄家抵债。

胡雪岩的失败，可以说是时代的悲剧。他晚年靠着胡庆余堂的微薄收入，凄凉地度过了人生的最后阶段，于清光绪十一年（公元 1885 年）黯然离世。

12　目 迷 五 色
mù mí wǔ sè

成 语 溯 源

五色（指青、黄、赤、白、黑）令人目盲（指眼花缭乱）；五音（指宫、商、角、微、羽）令人耳聋（指听觉不灵敏）；五味（指酸、苦、甜、辣、咸）令人口爽（指味觉失灵）；驰骋（骑马奔跑，喻指纵情）畋（tián，猎取禽兽）猎，令人心发狂（内心放荡而不可抑制）；难得之货，令人行妨（伤害操行）。

（选自《道德经》第十二章）

成语释义

【目迷五色】指色彩纷呈，使人眼花缭乱，看不清楚。后用来比喻事物错综复杂，分辨不清。

贪图享受的隋炀（Suí yáng）帝

隋炀帝杨广在位 14 年，一生毁誉参半。统一江山、兴建东都、修通运河、西巡张掖（yè）、北巡榆林（今内蒙古准格尔旗东北）与长城、开创科举、三游江都（今江苏扬州）、三驾辽东可以概括他一生所为。

杨广生来聪明过人，颇有才略，但生性阴险好色。他先是谋夺太子之位，又在父皇杨坚病重时调戏庶（shù）母宣华夫人，之后假拟文帝诏书，赐死兄长杨勇。

公元 604 年，杨广如愿登上帝位，由此开始了他淫逸（yín yì）放纵的帝王生活。

杨广是一位有名的"巡游"皇帝，曾三游江都，两巡塞北，一游河右，三至涿郡（Zhuōjùn，今北京），还在长安、洛阳之间频繁往还。他每次巡游都耗费巨资，且看他第一次游江都的情形。

公元 605 年，杨广偕同皇后、嫔妃、贵戚、官僚、僧尼、道士等，分乘龙舟、杂船五千二百余艘游览江都，前后绵延两百里。杨广乘坐的龙舟实际上是奢侈豪华的水上宫殿，高四十五尺，阔五十尺，长二百尺，上有四层楼，上层有正殿、内殿、东西朝堂，中间两层有一百二十间房，里面都用金银珠宝装饰得富丽堂皇，下层为内侍居处。

这个承载着十几万人的"流动宫殿"穿州过县，杨广和后妃们游山玩水，非常逍遥。可是，这次出游忙坏了地方官吏，害苦了黎民百姓。杨广在游江都之前便下诏："所过州县，五百里内皆献食。"地方官吏为了献殷勤、保乌纱，趁机大肆敲诈百姓，限期呈献珍奇食物，百姓苦不堪言。可是这些山珍海味、美味佳肴常常被浪费，吃不完的竟然就地掩埋。

杨广为满足其骄奢淫逸的生活，在各地大修宫殿苑囿（yuàn yòu，古代畜养禽兽供帝王玩乐的园林）、离宫别馆（皇帝出巡时居住的宫室）。其中著名的有显仁宫、江都宫、临江宫、晋阳宫、西苑等。西苑在洛阳之西，周围二百余里，苑内有人工湖，周围十余里，湖内有山，堂殿楼观，布置奇巧，极其华丽。

本来隋朝的国力在隋文帝时期比较强大，可终究经不起隋炀帝长年累月的虚耗。不久，全国民怨沸腾，烽烟四起，宇文化及见大势已去，亦发起兵变，命人将杨广缢（yì）死于江都，而大隋王朝也渐渐走到了终点。

增量发现

量量：增老师，老子这段话是要告诉我们缤纷的色彩使人眼花缭乱（"五色令人目盲"）；纷杂的音调使人听觉不灵敏（"五音令人耳聋"）；丰盛美味的食物使人味觉迟钝（"五味令人口爽"）；纵情狩猎使人心灵放荡（"驰骋畋猎，令人心发狂"）；稀有货品使人操行变坏（"难得之货，令人行妨"）。

增老师：理解得很好，社会的进步、时代的发展给我们提供了物质享受的便利，但我们不能沉迷于五色、五音、五味、狩猎、稀有之物等物质享受中，要学会持守内心的安定，使心灵丰盈起来。

量量：在我们成长的道路上，也有来自外界的种种诱惑，我们只有慎重地辨别并选择正确的人生方向，才能健康快乐地成长。

主题链接

直把杭州作汴（Biàn）州

公元1126年，金人攻陷北宋都城汴京（今河南开封）。1127年，俘虏了宋徽宗、宋钦宗，中原国土全被金人侵占。随后，宋高宗赵构在南京应天府（今河南商丘）即位，成为南宋第一位皇帝。南宋政权建立之初，赵构迫于形势起用主战派李纲为宰相，但不久就赶走李纲，为追求享乐放弃中原，从南京应天府逃到扬州。

公元1129年，金兵两次南侵，宋高宗皆率臣僚仓皇南逃，特别是金兵渡江第二次南侵后，更是由杭州逃往越州（今浙江绍兴）、明州（今浙江宁波）、定海（今浙江镇海），之后漂泊海上，逃到昌国（今属浙江舟山）、台州、温州。直到1130年金兵撤离江南后，赵构才回到绍兴府（今浙江绍兴）、临安府（今浙江杭州）等地。

赵构是南宋初年投降派的首领，他没有吸取北宋亡国的惨痛教训，也不思收复中原失地，只求苟（gǒu）且偏安，守着南宋的小朝廷过快活日子。当他第二次回到临安时，他沉醉于这"人间天堂"的山光水色，将临安定为南宋都城。此后，建明堂、修太庙，宫殿楼观一时兴起，达官显宦、富商大贾（gǔ）也相继经营宅第，壮大这"帝王之居"。他们沉沦于奢靡的腐朽生活中，致使西湖有"销金锅"之称。

且让我们看一看南宋诗人林升所作的《题临安邸（dǐ）》是如

何描述当时的社会现状的。

山外青山楼外楼，西湖歌舞几时休。

暖风熏（xūn）得游人醉，直把杭州作汴州。

江南的春天，山清水秀，花红柳绿，莺歌燕舞。层峦叠翠的山峦环抱着"淡妆浓抹总相宜"的西湖，鳞次栉（zhì）比的亭榭（xiè）楼阁雕梁画栋，不计其数。流落杭州的王公贵族们，有的在众人簇拥下游山玩水，有的坐在亭台楼阁里喝酒作乐，陪在身边的美女或低吟浅唱，或轻歌曼舞，或为他们斟（zhēn）酒助兴。西湖的游船画舫（fǎng）轻轻地在绿波上荡漾，歌声、琴声、笑声不断从船上飘出，他们寻欢作乐，日夜不歇。在温暖的春风吹拂下，酒香和脂粉香在空气中飘浮着，令沉浸在欢乐中的"游人"们如醉如痴。西子湖畔的歌舞消磨着人们抗金的斗志，他们完全忘记了复国大业，忘记了国恨家仇，简直把杭州当作故都汴京了。

积 累 与 运 用

一、根据意思填成语。

1. 具备最高境界的善行之人，就像水一样（泽被万物而不争名利）。（　　　　　）（　　　　　）

2. 形容财富非常多，后用来比喻才能出众、学识渊博。

（　　　　　）

3. 事物发展到极点，必定会向相反方向转化。（　　　　　）

4. 色彩纷呈，使人眼花缭乱，看不清楚。后用来比喻事物错综复杂，分辨不清。（　　　　　）

二、想一想，选取本单元学过的一个成语填写在括号里。

1. "关爱他人、关爱社会、关爱自然"这"三关爱"志愿服务活动，其实就是一种"（　　　　　），大爱无疆"的行为。

2. 黄色的迎春花配上白色的玉兰花，加上象征多子的石榴，再加上海棠树，就有了（　　　　　）的寓意。

3. 李景把门面装潢得金碧辉煌，还别出心裁地把那些光怪陆离的货物陈列在霓（ní）虹灯下，真叫人（　　　　　），爱不释手。

4. 教育孩子时不要给孩子太大压力，以免（　　　　　），收到相反的效果。

第四单元

据文献记载，老子静思好学，知识渊博。老师教授知识时，他总是刨根问底，求知若渴。为了解开疑惑，他经常仰头观日月星辰，思考天上之天为何物，以至于经常睡不着觉。天文、地理、人伦，无所不学，《诗》《书》《易》《礼》《乐》无所不览，文物、典章、史书无所不习，学业大有长进。老子以自己的生活体验和王朝兴衰、百姓安危为鉴，溯其源，著上、下两篇，共五千余言，即《道德经》。

13 宠辱若惊
chǒng rǔ ruò jīng

成语溯源

宠辱若（乃，于是）惊，贵（以……为贵，重视）大患若（像）身。何谓宠辱若惊？宠为下（卑下），得之若惊，失之若惊，是谓宠辱若惊。

（选自《道德经》第十三章）

成语释义

【宠辱若惊】受宠和受辱都感到惊慌失措，形容人患得患失。

增量阅读

卢承庆与"宠辱不惊"

唐朝有位大臣叫卢承庆，他为官清廉，做事认真，实事求是。唐太宗李世民即位后，卢承庆被任命为秦州参军。有一次他上朝奏报河西军情，说得头头是道，很有见地，李世民暗自称奇，擢（zhuó）升他为考功员外郎。考功员外郎这一官职隶属于吏部，主要负责考核官吏政绩。当时，考察官员有等级标准，先大体分为上中下三等，然后每一等再细分为上中下三级，即最好的是上上，次一级的是上中，依此类推。

有一年，卢承庆奉命给下级官员评定等级，因为此事事关官员的仕途升迁，所以大家紧张万分。待考核官员中，有一个监督漕运的官员，此人在运粮过程中，因运粮船沉没导致大批粮食掉进河里，因此卢承庆给他评了中下。可是，这个运粮官没有流露出半点不高兴的神情，一言不发地退了出去。

运粮官的反应让卢承庆很惊讶，他想此人必然认识到自己的错误，精神可嘉，便改评为中中。可是，这个运粮官并没有因此露出激动的神色，也不说一句虚伪客套的感谢话，依然淡定如初。卢承庆对他的反应大加赞赏。后来，卢承庆调查得知，运粮船沉没不是运粮官管理不善所致，而是中途突遇大风，将运粮船吹翻了。于是，卢承庆又给运粮官改评为中上。运粮官得知此事后，依然淡然处之。卢承庆十分欣赏他宽宏的气度和宠辱不惊的处事态度，在以后的考核中特别注意提拔他。

其实，卢承庆本人也是一个宠辱不惊的人。他为官多年，仕途起起伏伏，可他总是泰然自若，不因升迁而沾沾自喜，也不因贬职而闷闷不乐。在每一个岗位上，他都谨守本分，尽忠职守，没有丝毫怠慢。

卢承庆临终时，曾告诫他的儿子们："我死后，用平时穿的衣服入殓（liàn），初一、十五不要用牲口祭奠（jì diàn）我，下葬不用占卜选日子，陪葬的器物就用陶器、漆器，棺木就用一般的木头。坟墓的高度能够识别就可以了，墓碑上只需注明官职和生卒年月，不用写那些虚浮夸耀的言辞。"

这就是卢承庆的临终遗言。可见，卢承庆不仅清廉，而且是个不慕虚荣的人。

增量发现

量量："宠辱若惊"和"宠辱不惊"是一对反义词，从卢承庆的故事中，我明白了老子这段话的含义：得宠和受辱都感到惊慌失措（"宠辱若惊"），重视身体就像重视大祸患一样（"贵大患若身"）。什么叫作得宠和受辱都感到惊慌失措（"何谓宠辱若惊")？得宠是卑下的（"宠为下"），得到荣宠会感到惊慌不安（"得之若惊"），失去荣宠也会感到惊慌不安（"失之若惊"），这就叫作得宠和受辱都感到惊慌失措（"是谓宠辱若惊"）。

增老师：《菜根谭》中有一句话写得非常好："宠辱不惊，闲看庭前花开花落；去留无意，漫随天外云卷云舒。"这句话的意思是说，为人处事能视宠辱如花开花落般平常，才能不惊；视职位去留如云卷云舒般变幻，才能淡然处之。

量量：在平时的生活和学习中，我们取得了成绩不要骄傲，受到打击也不要一蹶（jué）不振，只有正确面对成功和失败，才会不断取得进步。

主题链接

宠辱不惊

"宠辱不惊"，一个质量和纯度都很高的人生品质，是很多人穷其一生都无法企及的高度。平平淡淡的四个字，包含了多少海底世界的宁静，多少峰顶云高的淡泊。

17世纪，日本有一个叫百忍的僧人名声极佳。他所在的寺院附近有个女孩未婚生产，女孩的父亲追问她新生儿的父亲是谁，女孩无奈，说是百忍。人们震惊了，狠狠地斥责百忍，并把孩子送到寺院，百忍轻轻一笑收下了孩子。许多年后，女孩良心发现告诉父亲，那个小孩的父亲是另一位青年。大家这才知道错怪了百忍，去寺院向百忍道歉并接回孩子，百忍还是粲（càn）然一笑。承受奇耻大辱，百忍大师却视若纤尘，以微笑和沉默来面对，这种透骨的修行岂止是宠辱不惊？

所谓的宠辱更多的时候是心灵对外界错误的感应。其实正确的感应的强烈程度取决于你的承受能力……可以轻轻放下，也可以重重地托起！

见过一些得势之人，那种得意忘形之态令人吃惊。生命的顶峰永远在高处，与阳光相比我们永远微不足道。还有一些人，因生活不够顺利便抱怨，何必？就如爬山，跌倒了，可腿还在，何不重新起步？无论何时，心中想的应该是奋斗的目标、自身价值的实现，而非目标和价值的炫耀。

贫富不过百年，风骚安能永久？学会如何平心静气地面对荣辱，实在是人生的最高境界。

14　视而不见，听而不闻
shì ér bú jiàn tīng ér bù wén

成语溯源

视之不见，名曰"夷"（yí，无色）；听之不闻，名曰"希"（无声）；搏之不得，名曰"微"（无形）。

（选自《道德经》第十四章）

成语释义

【视而不见，听而不闻】尽管在看，却什么都没看见；尽管在听，却什么都没听见。形容不注意、不关心、不重视。

管宁割席

管宁，字幼安，三国时期著名隐士，是春秋时期齐国名相管仲的后代。他十六岁那年，父亲去世，亲戚怜悯他孤苦贫困，便赠予他治丧费用，可他分文未取，根据自己的财力为父亲送终。

之后，管宁四处求学，并结交了几个好朋友，一个是华歆（xīn），一个是邴（Bǐng）原。三人因关系亲密且出类拔萃（cuì），并称为"一龙"，龙头是华歆，龙腹是邴原，龙尾是管宁。他们三人都很崇敬东汉名士陈仲弓，其学识操行成为他们的追求目标。

只是，这管宁和华歆之间曾发生过一件不愉快的绝交事件，后人称之为"管宁割席"，被记载在《世说新语》中。

求学时，管宁和华歆二人常常一边读书，一边劳动。有一天，他们在菜园里刨地种菜，说来也巧，菜地里竟有一片黄金，管宁视而不见，仍旧不停地挥动着锄头，在他看来，黄金跟普通的砖瓦没有两样。之后，华歆也发现了这片黄金，他却将黄金捡起来再扔出去。

还有一次，管宁和华歆同坐在一张座席上读书，有达官贵人乘坐华丽的车马从门口经过，街上敲锣打鼓，十分热闹。管宁听而不闻，继续认真地读书。华歆却坐不住了，立马丢下书本跑到门口看热闹，对达官贵人的排场羡慕不已。这时，管宁二话不说，找来一把小刀将他和华歆的座席割成两半，华歆大惑不解，管宁平静地说道："你不是我的朋友了。"说完，管宁又捧起书本认真地读起来。

劳动、学习贵在专注，通过两件小事，管宁与华歆二人的德行立见高下。所谓"道不同，不相为谋"，管宁心无杂念，一心求学，不贪恋荣华富贵，可华歆对财富权势十分向往，所以这对昔日好友最后分道扬镳（biāo），朝着不同的人生道路走了下去。

增量发现

量量：增老师，老子这句话是什么意思啊？夷、希、微又是在讲什么呢？我不太明白，请您给我解释一下吧！

增老师：这句话的意思是，看它看不见，名叫"夷"（"视之不见，名曰'夷'"）；听它听不到，名叫"希"（"听之不闻，名曰'希'"）；摸它摸不着，名叫"微"（"搏之不得，名曰'微'"）。夷、希、微分别指无色、无声、无形，老子用这三个字来告诉我们"道"超越了人类的一切感觉和知觉，所以是不可捉摸、不可思议的。

量量：原来是这样。增老师，我发现今天所说的"视而不见，听而不闻"似乎带有贬义，而老子所说的"视之不见，听之不闻"并没有这层意思，是不是随着社会发展和演变，成语含义也有所变化呢？

增老师：没错，很多成语在演变过程中都引申出新的含义。"视而不见，听而不闻"在今天是要告诫我们，做任何事情都要端正心思，不要三心二意。

正心与修身

有一次，私塾（shú）先生和学生讨论正心与修身的问题。

有个学生问："夫子，为什么修身必须先正心呢？"

先生说："因为身子的主脑是心，用心的时候，如果有偏于发怒的方面，那么心就为怒所累而不得正；如果有偏于害怕的方面，那么心就为害怕所累而不得正；如果有偏于快乐的方面，那么心就为快乐所累而不得正；如果有偏于忧愁的方面，那么心就为忧愁所累而不得正。心之用既不能正，心的本体又如何能正呢？"

先生说到这里，看了一下听他讲课的学生，发现他们都在认真地听，就又接着说："心若不正，身子虽然在此，可是心已向别处去了。所以两眼虽然看着，那颜色究竟怎样，却不能见到；两耳虽然听着，那声音究竟怎样，却不能听到；嘴巴虽然吃着东西，那滋味究竟怎样，却不能辨别。"

先生停了一会儿，接着说："色、声、味是最容易考察的东西，然而心不正就不能辨别，那么最精细的义理自然更不能辨别了。所以，求修身的人，怎可不先求正心呢？"

听完先生的教诲后，学生们恍然大悟：若心不在焉、三心二意，尽管睁开眼睛看着，也什么都看不见；尽管竖起耳朵听着，也什么都听不见；尽管张开嘴巴吃着，也什么滋味都品不出来。可见，正心对于修身而言何其重要。

15 不可名状
bù kě míng zhuàng

bù kě míng zhuàng

成语溯源

其上不皦（jiǎo，光明），其下不昧（mèi，阴暗），绳绳（mǐn mǐn，纷纭不绝、绵绵不绝）不可名，复归于无物（没有具体形状的道）。是谓无状之状，无物之象，是谓惚恍（hū huǎng，若有若无，闪烁不定）。

（选自《道德经》第十四章）

成语释义

【不可名状】指不能用语言描绘出来。名，说出。状，描绘。

增量阅读

榫（sǔn）眼里的"道"

齐桓公在堂上读书，木匠轮扁在堂下制作车轮。

轮扁问齐桓公："您读的是什么？"

齐桓公漫不经心地回答："先贤圣人之言。"

轮扁接着问："圣人还活着吗？"

齐桓公说："已经死了。"

轮扁听后，直言不讳（huì）地说："那您读的只是古人留下的糟粕（zāo pò）！"

齐桓公大怒，说道："我读书你有什么资格说三道四？今天你如果能说出个子丑寅卯倒还罢了，否则就将你处死。"

轮扁不慌不忙地来到堂上说："我这道理是从制作车轮体会出来的。榫眼宽松则易滑脱而不坚固，紧了则半天敲打不进去。我可以让榫眼不松不紧，然后不缓不慢地敲进去，得心应手。如何掌握这个分寸，嘴上虽然说不出，心里却是非常有数的。可是，我无法让我的儿子明白这其中的奥妙，他无法掌握我的技术，所以我这么大年纪了，还在这里为您制作车轮。圣人已经死了，他不可言传的理论精髓已随着他的逝去而消失，能够用语言表达出来的只是浅显的道理，所以我才说您读的书只是古人留下的糟粕罢了。"

齐桓公听后若有所思。

只可意会不可言传的"道"就像木匠的技艺，需要自己慢慢领悟。能够说出来的，便已与"道"有所偏差了。"道"本身不可名状、妙不可言，寻道要靠自己不断探索与领悟，勤思考，多体会，也许蓦（mò）然回首间，你就能领悟"道"的妙义。

增量发现

量量：轮扁是制作车轮的能手，他的技艺是在实践过程中慢慢领悟出来的，可是他没法告诉别人其中的奥妙，这大概就和"道"一样不可名状吧。

增老师：没错，"道"上面不显得光明（"其上不皦"），下面也不显得阴暗（"其下不昧"），它绵绵不绝而不可名状（"绳绳不可名"），一切运动都会回复到无形的状态（"复归于无物"）。这是没有形状的形状（"是谓无状之状"），不见

物体的形象（"无物之象"），这就叫作惚恍（"是谓惚恍"）。量量，我要提醒你，可千万不要认为道是虚无缥缈的，其实它无处不在。

量量：我明白了。真想不到，"不可名状"这个成语竟然是老子用来形容"道"的。今天，"不可名状"形容无法用言语来描绘，跟它意思相近的成语还有"不可胜言""不可言宣""不可思议"呢！

主题链接

道在屎溺

"道"是什么？这是长久以来令人困惑的问题。《道德经》开篇就说："道可道，非常道。名可名，非常名。"意思是说，"道"如果能够直接表达出来，就不是真正的"道"；"道"如果能够直接给予确定的名称，这个名称一定不是真正反映"道"的名称。

虽然"道"不可言说、不可名状，但老子通过对具体事物的描绘启发人们体悟"道"。比如，《道德经》第十四章提到，"道"看不到、听不见、摸不着，迎着它，看不见它的前头，随着它，却看不见它的后面。通过与现实世界的对比，老子告诉人们"道"是无法用感官感知的，只能用心去体悟。

庄子也曾用这种方法来解释"道"的存在。

东郭子曾向庄子请教："所谓道，究竟存在于什么地方呢？"庄子说："道无所不在。"东郭子说："必须指出具体存在的地方才可以。"庄子说："在蝼蚁（lóu yǐ）之中。"东郭子说："道怎么会在这样低下卑微的地方呢？"庄子说："在稊稗（tí bài，一种形状类似谷子的草）之中。"东郭子说："怎么越发低下卑微了呢？"

庄子说："在砖瓦之中。"东郭子说："怎么越来越低下卑微呢？"庄子说："在大小便里。"东郭子无言以对。

这便是庄子对"道"的解说，他不直接告诉人们"道"是什么，因为"道"不可名状，可是他通过"道在屎溺"告知人们"道"并不玄幻缥缈，它无所不在，存在于人们的日常生活中，甚至低下卑微的地方。所以，人们应该在日常生活中去感受"道"、体悟"道"。

16 涣然冰释
huàn rán bīng shì

成 语 溯 源

豫（迟疑慎重）兮（xī，啊）若冬涉川；犹（警觉戒备）兮若畏四邻；俨（yǎn，拘谨严肃）兮其若客；涣（huàn，分散、流散）兮其若释（冰消融、融化）。

（选自《道德经》第十五章）

成语释义

【涣然冰释】像冰遇热消融一般，比喻疑虑、误会、隔阂等完全消除。

增量阅读

甘宁与凌统

话说江东孙权手下有两员猛将，一个叫甘宁，一个叫凌统。他们虽不似刘备的五虎上将那样有名，却也屡立奇功，皆有万夫不当之勇。他们之间曾发生过一段化敌为友的故事。

甘宁原本是一个强盗，后被江夏太守黄祖收编。公元203年，孙权率军攻打江夏，黄祖屡战屡败，狼狈逃窜，破贼校尉凌操（凌统的父亲）穷追不舍，被甘宁一箭射杀。从此，凌统与甘宁结下杀父深仇。

甘宁虽立下大功，但黄祖心胸狭窄，仍不肯重用甘宁，无奈之下，甘宁另投明主——东吴孙权。在孙权麾下，甘宁的才干展现得淋漓尽致，很得孙权赏识。可是，凌统始终不忘父仇，因此甘宁对凌统处处防备，尽量避免与他见面。

有一次，甘宁、凌统在吕蒙住处聚会饮酒，待喝到酒酣耳热之时，凌统舞刀助兴，甘宁心想"项庄舞剑，意在沛公"，于是站起来说："我能舞双戟（jǐ）！"吕蒙见二人有相斗之意，便隔在中间，说道："甘宁虽能舞，但不如我舞得精妙。"于是，操刀持盾将二人分开。

公元213年，曹操率四十万大军攻打濡（Rú）须口。凌统请命率三千兵马挫其锐气，与先锋张辽交战，斗五十回合，不分胜负。甘宁见状，向孙权立誓：愿带一百兵马去劫曹营，若折（shé）一人一马，不计功劳。当晚，甘宁率领一百名壮士夜袭曹营，将曹营翻了个底朝天，之后全部安全撤回。这就是有名的"甘宁百骑劫魏营"。

第二天，恼羞成怒的张辽率兵前来挑衅。凌统见甘宁出尽了风头，便请命对战张辽。于是，孙权命凌统领兵五千前去应战，他与甘宁临阵观战。

这次与凌统对阵的，是张辽的一员偏将乐进。二人斗了五十回合，仍难分胜败。曹操听说后，亲自策马到场观看，见二人酣斗，令曹休暗放冷箭。曹休一箭射中凌统坐骑，凌统被掀翻在地。乐进趁此机会持枪来刺，只听得弓弦响处，一箭射中乐进面门。两军齐齐出动，各救一将回营，鸣金罢战。凌统回寨后，拜谢孙权。孙权说："放箭救你的人是甘宁啊。"面对甘宁的救命之恩，凌统大受感动，立刻跪拜叩谢甘宁。

从此，凌统和甘宁冰释前嫌，结成生死之交。

增量发现

量量：通过甘宁和凌统的故事，我知道，正是因为甘宁胸襟宽广，才能在危急时刻对凌统出手相救，最终他们握手言和，被传为千古佳话。增老师，老子这段话是在讲谁呢？

增老师：这段话是对得道之人的描写。老子说，迟疑慎重啊，像冬天涉足江河（"豫兮若冬涉川"）；警觉戒备啊，像提防邻国围攻（"犹兮若畏四邻"）；拘谨严肃啊，像赴宴做客（"俨兮其若客"）；融和可亲啊，像冰柱消融（"涣兮其若释"）。涣然冰释这个成语便由此而来。

量量：这个成语告诉我们，在和朋友交往时，要学着拥有宽容之心，如果彼此产生了矛盾，要主动去化解。

增老师：量量真棒！不过，这只是老子所说的欲成大事者必备的素质之一，另外还要做到谨慎处事、严于律己、敦厚朴实、豁达开阔等。

主题链接

一美金的损失

一个小镇商人有一对双胞胎儿子，商人过世后，兄弟俩共同经营父亲留下的一家商店。

刚开始的时候，一切都很平顺，兄弟俩齐心协力，把小店打理得井井有条。可是有一天，兄弟俩在关店结账时发现少了一美金，于是，一切都发生了变化。

哥哥问弟弟："你是不是动过收银机里面的钱？"

弟弟回答："我没有！一定是你算错了。"

但是哥哥咄（duō）咄逼人地追问，不愿就此罢休。哥哥说："我算过好几遍了，我想钱不会长脚自己跑了吧。"语气中带有强烈的质疑味儿。弟弟委屈万分，说："你平时最喜欢克扣店里的钱，自己捞油水。别把账赖在我的头上。"手足之情就此出现裂痕，兄弟俩内心产生了很大的隔阂（hé）。

双方都对此事耿耿于怀，做事时也总是相互猜忌。最后他们不愿再交谈，并决定不在一起生活。他们在商店中间砌起了一道砖墙，从此各立门户。

二十年过去了，兄弟俩之间的不信任与敌意与日俱增，这样的气氛也感染了双方的家庭与整个社区。

一天，有位开着汽车的男子在哥哥的店门口停下。

"您在这个店里工作多久了？"男子问。

"我这辈子都在这个店里服务。"哥哥说。

"我必须告诉您一件往事。很多年前我还是个不务正业的流浪汉，有一天我流浪到这里，肚子很饿，就偷偷溜进这家店的后门，拿走了收银机里的一美金。虽然时过境迁，但我还是想回到这里来请求您的谅解。"当说完原委后，男子惊讶地发现店主已经热泪盈眶，并哽咽（gěng yè）着请求他到隔壁商店将此事再说一遍。

当访客来到隔壁说完故事后，他惊愕（è）地发现两位面貌相似的中年男子在商店门口失声痛哭，相拥而泣。

积 累 与 运 用

一、根据意思填成语。

1. 受宠和受辱都感到惊慌失措，形容人患得患失。（   ）

2. 比喻疑虑、误会、隔阂等完全消除。（   ）

3. 不能用语言描绘出来。（   ）

4. 尽管在看，却什么都没看见；尽管在听，却什么都没听见。形容不注意、不关心、不重视。（   ）

二、想一想，选取本单元学过的一个成语填写在括号里。

1. 误会终究（   ）了，大家依旧是好朋友。

2. 看到好朋友被自己的阴谋诡计击败后绝望的神情，他得意之中夹带着（   ）的感伤——为那段失去的友谊。

3. 如果能得到"优秀员工"的荣誉，他怕同事嫉恨；如果得不到，他又怕自己吃亏。他一直笼罩在患得患失、（   ）的矛盾中。

4. 这个只顾自己建功立业的总统，一直对国民的呼声（   ），对国民对他和他的统治的不满（   ）。

第五单元

《道德经》被誉为『万经之王』，既是道家学派的思想源泉，也是东方智慧的代表之一。老子以其精练的语言和深邃的智慧，探究了天之道、地之道、人之道，深刻揭示了宇宙生命发生发展和人类社会发展变化的真谛。这部神奇之书，像宝塔之巅的明珠，璀璨夺目，照耀着我国古老的文明。

17 虚怀若谷
xū huái ruò gǔ

成语溯源

敦（dūn，敦厚质朴）兮其若朴（未经雕琢的素材）；旷（kuàng，豁达开阔）兮其若谷；混（通"浑"，浑厚纯朴）兮其若浊；孰（shú，谁）能浊以静之徐（慢慢地）清，孰能安以动之徐生。

（选自《道德经》第十五章）

成语释义

【虚怀若谷】指胸怀像山谷那样深广，形容十分谦虚。

增量阅读

释圆禅（chán）师与画家

有一个满怀失望的年轻人千里迢（tiáo）迢来到法门寺，对住持释圆禅师说："我一心一意要学丹青，但是至今还没有找到一个令我满意的老师。"

释圆禅师问他："难道那么多画家就没有一个比你强吗？"

年轻人回答："许多画家虽然很有名气，可我看到他们的画作之后，觉得他们徒有虚名，有的画得还不如我呢。"

释圆禅师说："既然如此，就请施主给老僧留下一幅墨宝吧。"说罢，让小和尚拿了笔墨纸砚（yàn）来。

年轻人也不客气，拿起笔就准备画，但是他落笔前还是问了释圆禅师一个问题："请问住持想要一幅什么样的画？"

释圆禅师回答："我素来爱喝茶，请你画一壶一杯如何？"

年轻人欣然落笔，很快就画出了一把倾斜的水壶和一只造型典雅的茶杯。那壶嘴里正徐徐地吐出一脉茶水，注入下面的茶杯中。

画完之后，年轻人对自己的作品看了又看，感到很满意，于是请释圆禅师上前观看。他原以为会得到几句赞美之词，没想到释圆禅师看了几眼画作，便很失望地摇了摇头。

年轻人问："住持不满意这幅画？"

释圆禅师指着画说道："你画得确实不错，只是把壶和杯的位置画错了，应该是杯在上壶在下才对。"

年轻人大惑不解，笑道："住持糊涂了吧，哪有茶壶往茶杯里注水，而茶杯在上壶在下的道理？"

释圆禅师听了年轻人的话后，也笑道："原来你也明白这个道理啊！你渴望自己的杯子里能注入那些丹青高手的香茗（míng），但是把自己的杯子放得比那些茶壶还要高，试问那些经验与技艺你又怎能学到呢？"

年轻人听了释圆禅师的一番话，羞愧不已。

增量发现

量量：增老师，我知道"虚怀若谷"和"涣然冰释"都出自《道德经》第十五章，意思好像差不多，都是成功者必备的素质。

增老师：这两个成语还是有区别的，涣然冰释强调要主动化解矛盾，而虚怀若谷则强调要像山谷那样胸怀宽广，为人谦虚。这段话的意思是，敦厚质朴啊，像未经雕琢的素材（"敦兮其若朴"）；

豁达开阔啊，像深山的幽谷（"旷兮其若谷"）；浑厚纯朴啊，像浊水一般（"混兮其若浊"）；谁能让混浊动荡的水安静下来而慢慢地澄清（"孰能浊以静之徐清"），谁能让它在安定中变动起来而慢慢地显出生机（"孰能安以动之徐生"）。

量量：原来得道之人有这么多优秀品质啊！我们做人也应如此，只有将自己放低，才能吸纳别人的长处和优点，不断取得进步。

增老师：说得好，当人们站在高处时，内心常会产生一种"会当凌绝顶，一览众山小"的骄傲感，而能够正视自己取得的成绩，以一种自谦和矜持的态度对待人生的人，才能够真正攀上人生之巅（diān）。

主题链接

高士王导

王导，字茂弘，东晋时期著名政治家，在东晋政权的建立和发展中起到了举足轻重的作用，声名显赫。晋明帝病逝后，幼主晋成帝司马衍继位，王导与外戚庾亮等人共同辅政。

王导辅政时，因宽和而赢得民心。但因成帝年幼，局势艰难，王导只能维持大体的局面，顾不上细节。他所委派的赵胤（yìn）、贾宁等将领有时并不守法，他对那些世家大族的违法行为也只是睁一只眼闭一只眼，一味地"和（huò）稀泥"，并极力拉拢他们。众臣为此担忧不满。而庾亮做事一板一眼，眼里揉不得沙子，他认为凡事要讲规矩，执法要从严。因此，庾亮执政后严格依照法度行事，反而大失人心。

陶侃曾打算起兵废除王导，但郗鉴（Xī Jiàn）不同意，陶侃只好放弃。后来，庾亮迁任征西将军，监管六州军事，镇守武昌，又有人劝他起兵东下入首都，罢免王导，庾亮又去征求郗鉴的意见。郗鉴从东晋大局出发，认为东晋渡江不久，王室侨居江左，一直内乱不断。这个时候，大家更要相互团结，不能因为一些细枝末节的事情搞内讧（hòng），庾亮也只好放弃了。

后来，有人对王导说："庾亮有起兵东下的意图，您应该暗中略做戒备，以防不测。"王导却轻松地说："我和庾亮虽然是朝廷大臣，但同时也是至交好友。如果他想来，我就径直回家当老百姓，略做戒备做什么！"

王导这番话传到了庾亮耳中，他那虚怀若谷的心性令庾亮十分折服。从此，在王导的率领下，东晋的渡江大臣与江左的世家大族一道尽心辅佐王室。在当时东晋政权已风雨飘摇的情况下，他们的共同努力虽然未能恢复中原，但也成功抵御了北方少数民族的进一步入侵。

18　芸芸众生
yún　yún zhòng shēng

成语溯源

致（推致）虚（心灵空明，不带成见）极（极度、顶点），守静笃（dǔ，极度、顶点）。万物并作（生长发展），吾以观复（循环往复）。夫物芸芸（纷繁茂盛的样子，常形容草木繁茂），各复归其根（本根、本性）。

（选自《道德经》第十六章）

成语释义

【芸芸众生】泛指一切生物，后多用来指世间众多的普通人。

增量阅读

列子的故事

列子，本名列御寇（yù kòu），战国时期思想家，是介于老子与庄子之间的道家学派承前启后的重要传承人物。他的道家思想主张清静无为。

传说列子生活贫困，经常面带饥色。有人见列子如此窘（jiǒng）迫，便跟郑国相邦子阳说起列子的事情："列御寇是一位有道之人，他居住在您治理的国家而饱受穷困，难道您不欣赏这样的贤达吗？"子阳听来人这么说，不由问自己："我从未怠（dài）慢过有道之人，既然列子如此穷困，我得马上派官吏给他送去米粟啊！"

列子见到子阳派官吏送来的东西，再三言谢，但最终还是谢绝了子阳的好意。子阳派来的官吏离开后，列子回到屋里，他的妻子眼看着米粟就这样被列子拒之门外，不免开始埋怨丈夫。她捶胸顿足地说："我听说有道之人的妻子儿女都能享受安逸快乐的生活。如今我们忍饥挨饿，相邦体恤（xù）我们，派人给我们送来粮食，你却不领情，难道我们命中注定要跟随你过苦日子吗？"

列子笑着对妻子说："子阳并不是因为自己了解我而给我赠送粮食，他是根据别人的话才这么做。等到哪一天他要怪罪于我，那么他也会在不了解我的情况下轻信别人的话，这就是我不愿意接受他的恩惠的原因。"

后来没多久，郑国发生动乱，子阳在动乱中被百姓所杀，他的党羽也受到牵连，可列子安然无恙。

　　从上面这个故事我们可以看出，列子以自己的实际行动践行着自己奉行的理念，他认为求道之人就算穷，也要穷得有骨气，不应受贵贱、名利的羁绊（jī bàn）。求道之人应顺应大道，淡泊名利，做到清静无为，这样才能提高自身"道"的修养。

增量发现

　　量量：增老师，列子虽然生活贫困，却能够不受诱惑，坚守自己的处世原则，他是要告诉我们应克制外物的诱惑，清神静心，顺应自然。

　　增老师：理解得真好，其实列子与老子的思想是一脉相承的。老子强调致虚守静，他认为心境原本是空明宁静的，可由于内心的欲望和外物的诱惑，心灵变得闭塞，所以必须时常在致虚和守静上下功夫，以恢复心灵的清明。老子说，致虚和守静的功夫做到极致（"致虚极，守静笃"）。万物蓬勃生长（"万物并作"），我观察到循环往复的规律（"吾以观复"）。万物纷繁茂盛（"夫物芸芸"），各自返回到它的本来状态（"各复归其根"）。

　　量量：万物循环往复，这就是生命的轮回。我们作为芸芸众生中的普通一员，虽然最后的归宿是相同的，但是我们应该活出属于自己的精彩。

增老师：太棒了！虽然我们只是一个个平凡的生命，但是我们应该在各自的岗位上努力绽放出属于自己的光彩，进而享受生活带来的快乐。生命的意义和价值在于过程，经历过方知它的味道。

主题链接

一片叶子落下来（节选）

（美）巴斯卡利亚

春天已经过去，夏天也这样走了。叶子弗雷迪长大了。他长得又宽又壮，五个叶尖结实挺拔。春天的时候，他还是个初生的嫩芽，从一棵大树树顶的大枝上冒出头来。

……

有一天，发生了奇怪的事。以前，微风会让他们起舞，但是这一天，风儿却扯着叶梗推推拉拉，几乎像是生气了似的。结果，有些叶子从树枝上被扯掉了，卷到空中，刮来刮去，最后轻轻掉落在地面上。

……

很快地，整棵树几乎都空了。"我好怕死。"弗雷迪向丹尼尔说，"我不知道下面有什么。"

"面对不知道的东西，你会害怕，这很自然。"丹尼尔安慰着他，"但是，春天变夏天的时候，你并不害怕。夏天变秋天的时候，你也不害怕。这些都是自然的变化。为什么要怕死亡的季节呢？"

"我们的树也会死么？"弗雷迪问。

"总有一天树也会死的。不过还有比树更强的，那就是生命。生命永远都在，我们都是生命的一部分。"

"我们死了会到哪儿去呢？"

"没有人知道，这是个大秘密！"

"春天的时候，我们会回来吗？"

"我们可能不会再回来了，但是生命会回来。"

"那么这一切有什么意思呢？"弗雷迪继续问，"如果我们反正是要掉落、死亡，那为什么还要来这里呢？"

丹尼尔用他那"本来就是这样"的一贯口吻回答："是为了太阳和月亮，是为了大家一起的快乐时光，是为了树荫、老人和小孩子，是为了秋天的色彩，是为了四季，这些还不够吗？"

那天下午，在黄昏的金色阳光中，丹尼尔放手了。他毫无挣扎地走了。掉落的时候，他似乎还安详地微笑着。"暂时再见了，弗雷迪。"他说。然后就剩弗雷迪一个了，他是那根树枝仅存的一片叶子。

第二天清早，下了头一场雪。雪非常柔软、洁白，但是冷得不得了。那天几乎没有一点阳光，白天也特别短。弗雷迪发现自己的颜色褪了，变得干枯易碎。一直都好冷，雪压在身上感觉好沉重。凌晨，一阵风把弗雷迪带离了他的树枝。一点也不痛，他感觉到自己静静地、温和地、柔软地飘下。

往下掉的时候，他第一次看到了整棵树，多么强壮、多么牢靠的树啊！他很确定这棵树还会活很久，他也知道自己曾经是它生命的一部分，感到很骄傲。

弗雷迪落在雪堆上。雪堆很柔软，甚至还很温暖。在这个新位置上他感到前所未有的舒适。他闭上眼睛，睡着了。他不知道，冬天过了春天会来，也不知道雪会融化成水。他不知道，自己看来干枯无用的身体，会和雪水一起，让树更强壮。尤其他不知道，在大树和土地里沉睡的，是明年春天新叶的生机。

19 取信于民
qǔ xìn yú mín

成语溯源

信（诚信）不足焉（yān），有不信（信任）焉。

（选自《道德经》第十七章）

成语释义

【取信于民】指取得人民的信任。

增量阅读

割发代首

曹操是三国时期有名的政治家和军事家。他治军严谨，纪律严明，而且会带头遵守纪律。

有一次，曹操带兵出去打仗，正值小麦成熟的季节。为了保护老百姓的麦子，他发布军令：无论职位高低，凡践踏麦田者，一律斩首。

军令一出，曹操大军经过麦田时，官兵都下马用手扶着麦秆，小心翼翼地穿过麦田，无一人敢随便践踏。老百姓看见了，无不交相称颂。

一天，曹操骑马外出观察地形，不料麦田里突然惊起一只鸟儿，曹操的坐骑受到惊吓，嘶叫着狂奔乱跑，蹿到了附近的麦田，踏坏了一大片麦子。

曹操立即叫来军队的执法官，认真地说："今天我的马踏坏了老百姓的麦子，违反了军纪，你按纪律给我治罪吧！"

执法官哪敢治曹操的罪，他立马回答："丞相是军中首脑，怎么可以治罪呢？"

曹操听后，严肃地说："践踏麦田要治死罪，这是我亲自制定的军纪，人人都得遵守。今天如果不将我治罪，我如何取信于天下？"他随即抽出腰间的佩剑要自刎（wěn），众人连忙拦住。

这时，谋士郭嘉走上前说："古书《春秋》曾说：法不加于尊。丞相统领大军，重任在身，怎么能自杀呢？"

曹操权衡再三，用剑割下自己的头发，大声说道："那么，我便割发代首吧。"

之后，曹操派人传令三军：丞相践踏麦田，本该斩首示众，因为肩负重任，所以割发替罪。

古人讲究"身体发肤，受之父母，不可毁伤"，割发在当时属于不孝大罪。曹操作为军队首脑，能够带头守法，在军前割发代首以明军纪，实在难能可贵。后来，这个故事被当作曹操严于律己的事迹流传开来。

增量发现

量量：增老师，曹操割发代首的故事告诉我们，为官者一定要讲究诚信，"其身正，不令而行；其身不正，虽令不从"。但对于我们老百姓来说，诚信有这么重要吗？

增老师：问得好，对于统治者来说，诚信不足（"信不足焉"），人民自然不信任他（"有不信焉"）。所以，取信于民比暴政于民更加有效。对于我们老百姓来说，诚信也一样重要，它是立身处世、成就事业的基石，也是每个人生活的准则。

主题链接

南门立木

商鞅（yāng）是战国时期政治家、改革家。他到秦国后，便说服秦孝公变革旧的法规，争取国家富强。公元前356年，商鞅被秦孝公任命为左庶长，主持变法。

当时，商鞅要在秦国实行变法是很困难的，一方面是因为一些旧贵族对变法持反对意见，另一方面老百姓也不相信秦孝公会真心实意地进行改革。

面对重重困难，商鞅心想：要在秦国进行改革，首先要取得老百姓的信任，这样才能保证变法成功。他苦思冥想了好几天，终于想出了一个好办法。

这天清晨，商鞅派人在都城的南门竖起了一根三丈高的大木柱，并在南门城墙上挂出告示：谁能把这根大木柱扛到北门，赏他十两黄金。

这个消息立刻在全城传开了。人们纷纷涌向南门，议论纷纷。围观的人越来越多，可就是没人去碰那根木头。更有一些胆小怕事的人，怕惹是生非，悄悄地溜走了。

第二天，商鞅又让人在南门挂出告示：谁能把这根大木柱扛到北门，赏他五十两黄金。

这时，从围观的人群中走出一个小伙子，只见他挽起衣袖，扛起大木柱，大步流星地朝北门走去。

当他到达北门后，商鞅立即大声宣布："小伙子，过来领赏吧！"

小伙子兴高采烈地登上城楼，不一会儿，便捧着五十两黄金走了下来。

　　商鞅知道，推行新法的最好时机终于到了。他郑重地对大家说："为了使国家强大，我受国君委任，负责推行新法。今后，凡按新法办事的都有重赏，就像这位扛大木柱的人一样。可是，谁胆敢违抗法令，我定斩不饶！"

　　商鞅"立木取信"一事在全国上下引起了轰动，它不但为朝廷树立了一个言而有信的形象，而且为新法的顺利实施打下了坚实的基础。

20　六亲不和　liù qīn bù hé

成语溯源

　　大道废，有仁义；六亲（父、子、兄、弟、夫、妇）不和，有孝慈；国家昏乱，有忠臣。

（选自《道德经》第十八章）

成语释义

【六亲不和】指与亲族、亲戚之间的关系不好。

增量阅读

温和孝顺的舜（Shùn）

　　舜是传说中的上古帝王，为人温和孝顺。孔子曾说，舜的孝敬已做到极致了。

　　相传舜家境清贫，父亲瞽叟（Gǔsǒu）是个盲人，母亲握登氏很早便去世了。之后，瞽叟续娶后妻，名叫壬（Rén）女，壬女生子名象。舜的父母对象十分溺爱，对舜却十分刻薄。生父顽愚、后母凶残、弟弟骄横，在这样的家庭里，舜受尽折磨，可他依然恪（kè）守孝道、友爱兄弟。

家人虽然不喜欢舜，可左邻右舍都愿意与他相处。他足迹所到之处，便慢慢人烟聚集，一年之内形成村落，三年之内形成城邑（yì）。大家都愿意居住在他周围，在他的感召下，人们相互谦让，没有争斗。

舜三十岁的时候，当时的领袖尧为寻找接班人问计于四方部落首领，他们一致举荐舜。为慎重起见，尧决定对舜进行深入考察。他将女儿娥皇和女英嫁给舜，以观察他治家的才能，又命九个儿子和舜一起工作，以观察他做事的才能。舜用自己得体恰当的言行举止，赢得了他们的尊重。

尧对舜十分赞赏，奖赏他细葛制成的布衣、一架名贵的琴和一群牛羊，还为他建造仓廪（lǐn）。舜的父亲、继母和弟弟十分妒忌，一心想暗害他，占为己有。

瞽叟叫舜爬上粮仓去修补缝隙，然后暗中纵火焚烧粮仓。舜利用两个斗笠护住身子，跳下来逃了出去。后来，瞽叟又让舜去挖井，待舜深入井中，瞽叟与象倾倒泥土将井填实，幸而舜挖井的时候，在井旁挖了一条隐秘的小道得以逃生。他回到家，看到象正抚弄那架名贵的琴，也不恼恨，和蔼地上前打招呼。象惊讶无比，狼狈逃走。

舜明知父亲、继母和弟弟合计害他，可没有一丝埋怨，仍和过去一样孝敬父母、友爱弟弟。

经过多年的观察和考验，尧对他十分满意，便选定舜作为他的继承人。待到尧去世，舜继承帝位，在他的治理下，天下太平。

增量发现

量量：增老师，老子为什么说大道废弛，仁义才显现（"大道废，有仁义"）；家庭不和，孝慈才彰显（"六亲不和，有孝慈"）；国家政治昏乱，忠臣才出现（"国家昏乱，有忠臣"）呢？

增老师：大道兴隆的时候，仁义就在其中，自然不觉得有倡导仁义的必要。同样，家庭和睦、国家政治清明之时，孝慈和忠臣也显现不出其重要性。我们崇尚某种德行，正是因为我们缺乏它，所以在动荡不安的社会中，仁义、孝慈、忠臣才显得弥足珍贵。

量量：原来是这样。正是由于舜的家庭失和，他的父母、弟弟对他百般折磨，而他一如既往地孝敬父母、关爱弟弟，他的仁孝之心才显得弥足珍贵。在我们的日常生活中，我们应该相亲相爱、团结互助，这样世界才会变成一个和睦、友善、美好的大家庭。

主题链接

姜肱（gōng）大被

汉朝的时候，有个人姓姜名肱。他有两个弟弟，一个叫姜仲海，另一个叫姜季江。

兄弟三人非常友爱，形影不离。他们天天在一起读书，下课又一起温习功课、玩耍，还一起做家务。三个兄弟缝了一床大棉被，每天都睡在一起。

有一次，姜肱跟弟弟们一同去京城，结果半夜遇到强盗。月光下，强盗面目狰狞（zhēng níng），手里的匕首泛出寒光，看了直叫人打战。突然，哥哥推走弟弟，上前一步说："我弟弟还小，我是做哥哥的，我可以牺牲，希望你们放他们一条生路。"这时，后面的弟弟也走上前来说道："不！你们不可以伤害我哥哥，还是杀我们吧！"兄弟三人都争着让对方活着，想到他们就要生离死别，三人不禁抱在一起，痛哭流涕。

盗贼也不是铁石心肠，因饥寒才起盗心。他深深地被兄弟三人的手足情感动了，讲道："我今天终于见到什么叫亲情了。"于是，抢了一些财物便匆匆离开。

积 累 与 运 用

一、根据意思写成语。

1. 取得人民的信任。（　　　　　　）

2. 胸怀像山谷那样深广，形容十分谦虚。（　　　　　　）

3. 泛指一切生物，后多用来指世间众多的普通人。（　　　　　　）

4. 与亲族、亲戚之间的关系不好。（　　　　　　）

二、想一想，选取本单元学过的一个成语填写在括号里。

1. 党的各级领导干部，要想得到群众的支持和拥护，就必须

（　　　　　　）。

2. 每个人都应有（　　　　　　）的态度，遇事不固执己见。

3. 他不听家人劝阻，一意孤行，如今已落得（　　　　　　）、一败

涂地的下场。

4. 虽然我只是这（　　　　　　）中的普通一员，但我仍希望我的

生命能开花结果。

第六单元

- 绝圣弃智（第十九章）

- 绝仁弃义（第十九章）

- 见素抱朴（第十九章）

- 少私寡欲（第十九章）

《道德经》主要论述了两个问题——「道」与「德」，二者可以联系起来理解。「道」不仅是宇宙之道、自然之道，也是个体修行的方法；「德」不是通常意义上的道德或德行，而是修道者必备的特殊的世界观、方法论以及为人处世的方法。总论部分提出了修道的方法，后面大部分论述了修道之「德」。「道德经」三字，提纲挈领，概括了全文的内容。

21 _{jué shèng qì zhì}
绝圣弃智

成语溯源

绝（断绝、抛弃）圣（聪明）弃智，民利（获利）百倍。

（选自《道德经》第十九章）

成语释义

【绝圣弃智】抛弃聪明智巧，即抛弃自作聪明的主观见解，废弃机谋与巧诈，力求返璞归真。

增量阅读

王导的糊涂

王导出生于当时十分显赫的家族琅邪（Lángyá）王氏，在永嘉南渡后担任东晋丞相，曾辅佐三代皇帝，是东晋政权的奠（diàn）基者之一。

王导早年与琅邪王司马睿（之后的晋元帝）友善。"八王之乱"后，北方局势动荡，西晋政权岌（jí）岌可危，王导与族兄弟王旷、王敦等人建议司马睿移镇建邺（yè），并辅佐他逐步建立了东晋政权。王导为政的基本方针是收揽一批北方的士族做骨干，然后联络南方士族做辅助，以巩固东晋政权。但是北方士族与南方士族之间、王氏与司马氏之间都存在矛盾，如果不能调和这些矛盾，并使之处于相对平衡的状态，就不可能建立东晋王朝。王导一生的事业就是调和这些矛盾，最后与王敦一内一外形成"王与马，共天下"的格局，共同辅佐司马睿。

在具体政策上，王导推行的"侨寄法"成为安置流亡士族与民众、缓和南北士族矛盾的重要措施。同时，使得一些地广人稀、荒凉贫瘠（jí）的地区渐渐发展起来。

王导谦和宽厚，仁慈隐忍，施行德政。他执政之后，君臣关系和睦，社会风气好转，百姓都很爱戴他。他任丞相期间还十分注重教育，兴建学校，选拔老师，改良社会的教化与风气。

到了晚年，王导几乎不再处理政事，在需要批复的文件上，也只签字同意，因此遭到了很多非议。他时常感叹："人家说我老糊涂（指执行安抚士族、缓和与长江上游势力之间关系的举措），后人当会想念这种糊涂。"

王导的糊涂，要放在特定的历史条件下来看。作为来自北方的政权，东晋政权与江南士族的矛盾十分尖锐，王导为政上一些"和稀泥"的做法看似软弱又有失公正，但缓和了矛盾与冲突，不仅稳固了刚刚建立的政权，更开创了东晋的百年基业。

增量发现

量量：增老师，王导这样一个只会在文件上签"同意"，到处"和稀泥"的丞相，为什么有这么好的名声啊？

增老师：老子说，抛弃聪明智巧（"绝圣弃智"），人民可以得到百倍的好处（"民利百倍"）。王导的做法便是老子所说的"绝圣弃智"啊！看似毫无智慧，实际上是最高的智慧。

量量：我还是无法理解王导"和稀泥"的做法体现了最高的智慧，这么说好抽象啊，您能不能再说得具体一点？

增老师：世间万物的产生、发展、衰亡都有规律可循。因此，很多道家学者认为应该尽量遵守自然规律（顺自然），而不应该人为地设置很多规范（崇名教），这样反而会扰乱自然与社会的发展。王导深受道家思想和魏晋玄学的影响，崇尚自然。这一思想投射在他的执政理念中，他认为统治者应该对政治和人民少做干预，"绝圣弃智"，顺其自然，这样国家自能繁荣昌盛，人民自能安稳富足。

主题链接

生木造屋

宋国大夫高阳应为了兴建一幢（zhuàng）房屋，派人在自己的封邑内砍伐了一批木材。这批木材刚运到宅基地，他就找来工匠，催促其即日动工盖房。

工匠一看，地上横七竖八堆放的木料还是些连枝杈（chà）也没有收拾干净的、带皮的树干。树皮脱落的地方，露出湿润的白皙（xī）木芯；树干的断口处，还散发着一阵阵树脂（zhī）的清香。用这种木料怎么能马上盖房呢？于是，工匠对高阳应说："我们目前还不能开工。这些刚砍下来的木料含水太多、质地柔韧（rèn），抹上湿泥以后容易变弯。初看起来，用这种木料盖的房子与用干木料盖的房子相比，差别不大，但是时间一长，这种湿木料盖的房子容易倒塌（tā）。"

　　高阳应听了工匠的话以后，冷冷一笑。他自作聪明地说："依你所见，不就是存在一个湿木料承重以后容易弯曲的问题吗？然而你并没有想到湿木料干了会变硬，稀泥巴干了会变轻的道理。等房屋盖好以后，过不了多久，木料和泥土都会变干。那时，变硬的木料支撑着变轻的泥土，房屋怎么会倒塌呢？"工匠无言以对，只好遵照高阳应的吩咐去办。虽然在湿木料上拉锯（jù）用斧、下凿推刨（páo）很不方便，工匠还是克服种种困难，按尺寸、规格搭好了房屋的骨架。抹上泥以后，一幢新屋就落成了。

　　开始那段日子，高阳应对于很快就住上了新房颇感骄傲。他认为这是自己用聪明才智折服工匠的结果。可是时间一长，这幢新屋渐渐倾斜。高阳应一家怕出事故，从这幢房屋搬了出去。没过多久，这幢房子便倒塌了。

　　这个故事告诉我们，做任何事情都必须尊重实践经验和客观规律，而不能自作聪明、主观蛮干，否则必会聪明反被聪明误。

22　绝仁弃义
jué rén qì yì

成语溯源

　　绝仁弃义，民复（恢复）孝慈；绝巧（巧诈）弃利，盗贼无有。

（选自《道德经》第十九章）

成语释义

　　【绝仁弃义】指放弃世俗倡导的仁义，回复到人淳朴的本性。

盗用仁义的田乞

田乞，亦称田釐（xī）子，是春秋时期齐国大臣田无宇之子。齐景公在位时，田乞开始进入官场，担任大夫之职。田乞征收百姓的赋税时用小斗，赐百姓粮食时用大斗，暗中向百姓施以恩德，齐景公从不制止。因此，田氏家族深得齐国民心，宗族势力日益强大，百姓心向田氏。晏（Yàn）婴屡次劝谏齐景公多多提防，可齐景公不听。齐景公九年（公元前539年），齐景公派遣晏婴出使晋国，晏婴私下对晋国大臣叔向说："齐国政权终将归于田氏啊！"

齐景公五十五年（公元前493年），范氏和中行氏在晋国反叛，晋国加紧追击，范氏和中行氏前往齐国借粮。田乞早就想策动叛乱，与诸侯国中的叛臣结党，于是趁机劝齐景公："范氏、中行氏多次对齐国有恩，齐国不能不援救他们。"齐景公派田乞前去救援，并给他们送去粮食。

齐景公五十八年（公元前490年）夏天，齐国太子去世。同年秋天，齐景公令宰相国惠子和高昭子立儿子荼（tú）为太子。齐景公去世后，两位宰相拥立太子荼继位，他便是晏孺子。可是，田乞对晏孺子继位之事非常不满，他想拥立与他私交甚笃的公子阳生为国君，以满足他大权独揽的野心。

晏孺子继位后，田乞假意奉承高昭子和国惠子，并屡次向他们进言："起初诸位大夫都不想拥立晏孺子，如今你们二人御前得宠，大夫们人人自危，想策动叛乱。"同时，他又在大夫们面前危言耸听，劝诫他们在高昭子动手之前抢得先机。次年六月，田乞与众大夫率兵进入宫廷，攻打高昭子。高昭子闻讯，与国惠子前去营救国君。无奈，晏孺子的军队战败，国惠子投奔莒（jǔ）国，高昭子被杀。

田乞将公子阳生迎回齐国，藏匿（nì）在家中。后在一次酒宴上，使计拥立阳生为国君，史称齐悼（dào）公。齐悼公即位后，田乞任宰相，独揽齐国政权。

齐悼公四年（公元前485年），田乞去世，他的儿子田常（亦称田成子）接替了他的职位。田常效仿父亲的做法，用大斗将粮食借出，用小斗收回，齐国人唱歌颂扬他："老太太采芑（qǐ）菜呀，送给田成子！"齐国大夫劝谏当时的国君齐简公多加提防，齐简公不听。后来，齐简公自食恶果，在一次宫廷政变中被田常杀害。

在残酷的政治斗争中，盗用仁义已经成为政客们窃取权力的惯用手法。《庄子·胠箧（qū qiè）》就深刻揭露了仁义的虚伪和社会的黑暗，一针见血地指出"窃钩者诛，窃国者为诸侯"。在庄子心中，至德之世就是没有贵贱尊卑的隔阂，没有仁义礼乐的束缚，没有功名利禄的争逐，人人过着无忧无虑、安闲自在的平等生活，身心获得完全的自由。

增量发现

量量：增老师，老子为什么说抛弃仁义（"绝仁弃义"），人民可以恢复孝慈的天性（"民复孝慈"）呢？如今人们都提倡仁义，老子为什么要抨击它呢？

增老师：老子所说的"绝仁弃义"实际上反对的是那些外在的假仁假义，是为了揭穿将"仁义"合法化的谎言，告诉我们什么不是真正的仁义。

量量：增老师，您越说我越不懂了，仁义也有真假吗？那什么是假仁假义呢？请您给我详细说明一下吧。

增老师：仁义原本是用来劝导人向善的，可有时却流于形式。有些人剽窃仁义之名，为自己谋求名利，当他们登上所谓的道德大师的宝座后，仁义的美名便被他们放在口袋里随意取用。这便是假仁假义。假仁假义会破坏人的天性，所以老子主张抛弃这些矫揉造作的仁义，以恢复人们孝慈的天性。

主题链接

郄（Qiè）雍视盗

春秋乱世，盗贼横行。晋侯苦于盗贼猖獗（chāng jué），十分忧虑。恰巧有一个叫郄雍的人能看出盗贼的相貌，只要观察眉睫（jié）眼目，便能判断此人是不是盗贼。晋侯听闻后，请郄雍去查找盗贼，千百人中无一人遗漏。晋侯很高兴，对大臣赵文子说："我得到了郄雍，全国的盗贼都跑不了了，清除盗贼何必用那么多人呢？"赵文子回答："您依靠观察外貌的方法清除盗贼，不但盗贼清除不尽，郄雍还会小命不保。"不久，一群盗贼聚在一起商量对策，他们说："我们之所以走投无路，都是因为郄雍。"于是，他们合伙将郄雍杀了。

晋侯听说后大为惊骇（hài），立刻召见赵文子，对他说："果然像你说的那样，郄雍死了。清除强盗应该用什么方法呢？"赵文子回答：“周国有句谚语说：‘察见渊鱼者不祥，智料隐匿者有殃（yāng）。’（眼睛能看到深渊中游鱼的人不吉祥，心灵能事先预料到隐私的人有灾殃）您要想清除盗贼，最好的办法是选拔贤明之人并重用他们，使朝廷中政教清明，并让这样的好风气在百姓中流传开来。老百姓有羞耻之心，还有谁去做盗贼呢？”晋侯接纳了赵文子的建议，任命随会主持政事，不久所有强盗都逃到秦国去了。

孔子曾说：“苟子之不欲，虽赏之不窃。”意思是，假如为政者不贪图财利，即使奖励盗窃，也没有人盗窃。所以，清除盗贼的关键在于上位者自身。一味地捕杀盗贼，对百姓而言并不是真正的仁义，也不是釜底抽薪的治本之法，只有上位者正人先正己，以自己的德行感化百姓，让百姓复归淳朴本性，才是真正的仁义之道，此时自然天下无贼。

23 见素抱朴
xiàn sù bào pǔ

成语溯源

故令有所属（归属）：见（通“现”，呈现）素（没有染色的生丝）抱朴，少私寡欲。

（选自《道德经》第十九章）

成语释义

【见素抱朴】指保持纯洁质朴的本性。素、朴是同义词。

增量阅读

孙叔敖（áo）与《忼慷（kāng kāng）歌》

孙叔敖，字孙叔，春秋时期杰出的政治家，以贤能闻名于世。

孙叔敖升任楚国令尹（宰相）时，一国的官吏和百姓都前来祝贺。有一个老人却穿着麻布制的丧衣，戴着白色的丧帽，前来吊丧。孙叔敖见状，急忙整理好衣帽出来接见他，并对老人说："楚王不知我没有才能，让我担任宰相这样的高官，人们都来祝贺，只有您来吊丧，莫不是有什么话要指教吧？"老人回答："我确实有话说。身份尊贵，对人骄横无礼，百姓就要离开他；地位崇高，擅自用权，国君就会厌恶他；俸禄优厚，不知满足，便容易招致祸患。"孙叔敖向老人拜了两拜，谦卑地说："我诚恳地接受您的指教，希望您能继续指教一二。"老人说："地位崇高，态度应该更加谦虚；官职越大，处事应该越小心谨慎；俸禄已很丰厚，就不应轻易索取他人财物。您严格地遵守这三条意见，就能够把楚国治理好。"孙叔敖听完老人一席话，激动地说："您说得非常对，我一定铭记于心！"

此后，孙叔敖恪守诺言，态度谦卑，处事谨慎，为官清廉。他虽贵为宰相，功勋盖世，但家无积蓄、身无外财，还多次拒绝楚王赏赐，临终时连棺椁（guǒ）也没有。他过世后，他的儿子穷困得靠打柴度日。宫廷艺人优孟大为感动，创作了著名的《忼慷歌》："贪吏而不可为而可为；廉吏而可为而不可为。贪吏而不可为者，当时有污名；而可为者，子孙以家成。廉吏而可为者，当时有清名；而不可为者，子孙困穷被（通"披"）褐（hè，粗布衣服）而负薪（xīn，柴火）。贪吏常苦富，廉吏常苦贫，独不见楚相孙叔敖，廉洁不受钱？"

　　孙叔敖一生清廉简朴，他宁可不留下丰厚财富惠及子孙，也不愿让他们丧失挺胸做人的尊严。他纯洁质朴的品性、清风明月的情怀，堪为后世楷模。

增量发现

　　量量：读完孙叔敖的故事，真的受益匪浅。态度谦卑、处事谨慎、为官清廉，说起来容易做起来难，可孙叔敖踏踏实实地实践了一辈子，他高尚的品格值得我们学习。只是，孙叔敖的故事和老子这句话有什么联系呢？

　　增老师：老子这句话的意思是，所以要使人民有所归属（"故令有所属"）：保持纯洁质朴的本性（"见素抱朴"），减少私心和欲望（"少私寡欲"）。孙叔敖为官多年，从不以权谋私、追名逐利、暴敛财物，他只是尽心尽力地履行自己的职责，不敢有丝毫懈怠，他的本性依然纯洁质朴、清静淡泊，这不正是老子所提倡的么？

　　量量：我明白了，老子是让我们返璞归真，不要为了一己私利而使自己丧失淳朴善良的本性。这句话虽然只有短短十几个字，但是蕴含的道理太深刻了！

主题链接

幽默高手毛泽东

1971 年 7 月，基辛格秘密访华期间，发生了这样一则趣事。一天下午，基辛格的助手、美国国家安全委员会东亚事务助理约翰·霍尔德里奇拿着一份新华社英文新闻稿，找到了接待组负责联络的人员，他指着封面上的毛主席语录问这是怎么回事。

联络人员一看，那段语录摘的是："全世界人民团结起来，打败美帝国主义及其一切走狗！"霍尔德里奇说："这是从我的房间里拿到的，我希望这份新闻稿是被错误地放到了房间里。"很显然，美方误以为中方故意为之。后来，联络人员向毛泽东汇报此事，毛泽东听后哈哈一笑说："去告诉他们，那是放空炮。他们不是也整天喊要消灭共产主义吗？这就算是空对空吧。"从那以后，毛泽东"空对空"的妙论就成了工作人员聊天的一段"笑谈"。

之后，基辛格带着妻子再次访问中国。这次相见，毛泽东不再和他开"纸老虎"之类的玩笑，而是好奇地指着比基辛格高出许多的基辛格夫人，问："你对比男人高的女人有什么感觉？"

基辛格后来回忆说，这位中国领袖在外交场合也是那么本色自然，让人感到很亲切。

24 少私寡欲
shǎo sī guǎ yù

成语溯源

故令有所属：见素抱朴，少私寡欲。

（选自《道德经》第十九章）

【少私寡欲】减少私心和欲望，指个人欲望很少。

"留子清白"无一物

徐勉，字修仁，南北朝时期政治家，以清正廉洁闻名。史书记载：徐勉虽然身居显要的职位，却不经营产业，家中没有积蓄，所得俸禄还分出一部分接济亲族中的贫困者。他的门人故友看他家境如此清贫，便劝他经营一些产业，徐勉却回答："人遗子孙以财，我遗之清白。子孙才也，则自致辎轸（zī píng，辎和轸都是古代车名，此处连用意为家产）；如不才，终为他有。"意思是："别人把财产留给子孙，我把清白留给子孙。子孙如果有才，就会自己获得财富；如果无才，财产终究为他人所有。"

"遗子孙以清白"绝非徐勉的即兴之言，而是发自肺腑的真情表露。他曾给儿子徐崧（sōng）写过一篇《诫子书》，其中有这样的话："吾家本清廉，故常居贫素。至于产业之事，所未尝言，非直不经营而已。薄躬遭逢，遂至今日，尊官厚禄，可谓备之。每念叨窃若斯，岂由才致，仰藉先门风范及以福庆，故臻（zhēn）此尔，古人所谓'以清白遗子孙，不亦厚乎'。又云'遗子黄金满籯（yíng，箱笼），不如一经'。详求此言，信非徒语。吾虽不敏，实有本志，庶得遵奉斯义，不敢坠失。……今且望汝全吾此志，则无所恨矣。"大意是："我家本就清廉，所以一直过着贫穷朴素的生活。至于产业的事情，不仅从不经营，也从来不曾提及。卑微之身蒙受恩遇，以致有今日的高官厚禄，可以说什么都有了。每次私下念叨此事，我都在想：今日我获得的一切都是依靠祖先家门风范和福分啊，哪里是因为我的才能呢？古人曾说："把清白传给子孙，不是也很丰厚吗？"又说："给子孙留下满箱黄金，还不如留给他们一部经书。"细细琢磨这些话，确实不是说说而已。我虽然不聪慧，但实有这样的志向，希望能够遵循奉行古人的教诲，不敢缺失。……如今希望你来成全我的志向，我也就没什么遗憾的了。"

徐勉清正廉洁、少私寡欲，一生从不积蓄家财，因为他深知钱财只是身外物，终有一天会散去，只有将清清白白的家门风范传承下去，子孙才会受用无穷。

增量发现

量量：徐勉坚守清正廉洁、少私寡欲的为官原则，不愧为一个清官、好官。我想，他的儿子徐崧读了《诫子书》，一定会为拥有这样的好父亲而骄傲。

增老师：没错。屈原坚持清正处世，郑板桥坚持清白做人，包拯坚持清廉为官。只要一颗清心常在，就上可对青天朗月，下不负芸芸众生，任徐徐清风激荡于天地间。

量量：老师说得真好，我们要向先辈学习，清白做人，干净做事，减少私心和欲望（"少私寡欲"），保持一颗淳朴本真的心。

主题链接

猫的底线

一只正在偷食的老鼠被猫逮住。老鼠哀求："请放过我吧，我会送给你一条大肥鱼。"猫说："不行。"老鼠继续说："我会送给你五条大肥鱼。"猫还是不答应。老鼠仍不死心："你放了我，以后我每天送给你一条大肥鱼。逢年过节，我还会拜访你。"

猫眯起眼睛，不语。

老鼠认为有门儿了，又不失时机地说："你平常很少吃到鱼，只要肯放我一马，以后就可以天天吃鱼。这件事情只有天知地知，你知我知，其他人都不知道，何乐而不为呢？"

猫依然不语，心里却在犹豫："老鼠的主意的确不错，放了它，我能天天吃到鱼。但放了它，它肯定还会偷主人的东西，胆子越来越大。我再次抓住它，怎么办？放还是不放？如果放，它就会继续为非作歹，主人会迁怒于我，把我撵（niǎn）出家门。那时，别说吃鱼，就连一日三餐都没了着（zhuó）落。如果不放，老鼠或其同伙就会向主人告发这次交易，主人照样会将我扫地出门。如果睁只眼闭只眼，主人会认为我不尽职，同样会将我驱逐出去。一天一条鱼固然不错，但弄不好会丢掉一日三餐，这样的交易不划算。"

想到这些，猫突然睁大眼睛，伸出利爪，猛扑上去，将老鼠吃掉了。

猫是聪明的，它的选择也是正确的。面对老鼠的许诺，它最终还是选择了一日三餐。一日三餐便是它的底线。猫当然希望一日一鱼，但连起码的一日三餐都保不住的话，一日一鱼便成了水中月、镜中花。

　　可悲的是，现实生活中的一些人，面对"一日一鱼"的诱惑，动心了。他们还没来得及品尝"一日一鱼"的味道，便被绳之以法，失去宝贵的"一日三餐"不说，还断送了大好前程，甚至身家性命。

积 累 与 运 用

一、根据意思填成语。

1. 抛弃聪明智巧，即抛弃自作聪明的主观见解，废弃机谋与巧诈，力求返璞归真。（　　　　　）

2. 减少私心和欲望，指个人欲望很少。（　　　　　）

3. 放弃世俗倡导的仁义，回复到人淳朴的本性。（　　　　　）

4. 保持纯洁质朴的本性。（　　　　　）

二、想一想，选取本单元学过的一个成语填写在括号里。

1. （　　　　　）并不是要人们抛弃智慧，乃至抛弃物质和精神文明，而是让人们返璞归真，回归淳朴本性。

2. 老子认为仁义是人类与生俱来的天性，不需要刻意强调，刻意强调仁义会导致伪善，仁义也会被人利用，所以他主张（　　　　　）。

3. 苦行僧的生活我们确实难以效仿，但（　　　　　）、适度消费则是我们能够做到而且应该做到的。

4. 写作要表达真情实感，（　　　　　）更容易感动他人。

《道德经》玄奥精深、义理博大，堪称哲理第一书。它以道法自然为核心，阐述了如何让个人修身达到少私寡欲、知足不辱等境界，如何让个人处世达到以柔克刚、不求而得、天人合一等境界，如何让君主治国达到无为而治、德善德信而民莫之令而自均等境界，如何让天地万物达到各展本性、并行不悖、既长且久等境界。

25 独异于人
dú yì yú rén

成语溯源

众人皆有以（用），而我独顽且鄙（形容顽愚、笨拙）。我独异于人，而贵食母（食，sì。食母，用道滋养自己）。

（选自《道德经》第二十章）

成语释义

【独异于人】独自与别人不同，一般指不同于世俗。

增量阅读

孔子向老子问礼

在洛阳瀍（Chán）河区东关大街的文庙旧址前，如今仍然保存着一块牌坊式的石碑，上书"孔子入周问礼乐至此"九个大字。碑高356厘米，宽90厘米，龟形座。这块石碑清清楚楚地记载着两千多年前孔子入周问礼的史实，记载着中国文化史上两位大师的一次具有划时代意义的会晤（wù）。

据《史记》记载，老子博览群书、知识渊博。许多学者都慕名前来讨教。

一次，孔子专程前往洛邑向老子问礼。老子说："你所说的礼，倡导它的人连骨头都已经腐烂了，只有他的言论还在。况且君子时运来了，就驾着车出去做官；生不逢时，就像蓬（péng）草一样随风飘转。我听说，善于经商的人把货物隐藏起来，好像一无所有。君子具有高尚的品德，外表看起来却似愚钝之人。抛弃你的傲气和各种欲望，不要装腔作势、好高骛（wù）远，这些对你都是没有好处的。我能告诉你的，就是这些了。"

临别时，老子向孔子赠言："我听说，富贵的人赠人钱财，仁德的人赠人良言。我并不富贵，也不敢窃取仁者之名，但还是送您几句话：聪明机智、观察入微的人，之所以蒙受灾难，是因为他喜好议论别人是非；善辩而通达的人，之所以屡招祸患，是因为他喜好揭露别人的丑恶。作为人子、作为人臣，皆不要张扬自己，误以为自己高高在上。"

孔子问礼于老子之后，对弟子们说："鸟，我知道它能飞；鱼，我知道它能游；野兽，我知道它能跑。会跑的可以用网对付，会游的可以用钓鱼线对付，会飞的可以用弓箭对付。至于龙，我就一无所知了，它乘风驾云直上青天。我今日见到老子，就像见到了龙啊！"

从孔子对老子的评价可以看出，孔子对老子何等尊重。这次入周问礼之行使孔子大开眼界，这对其后儒家思想的形成有着极其重要的启迪作用。

增量发现

量量：在生活中，我们经常会用与众不同、别具一格、特立独行来形容某些人比较特别、不同寻常。现在，我又学会了一个成语——独异于人。

增老师：老子用独异于人来说明他与世人不同，他说众人都

有所作为（"众人皆有以"），唯独我顽愚而笨拙（"而我独顽且鄙"）。我和世人不同（"我独异于人"），重视用道来滋养自己（"而贵食母"）。老子不追求声色名利，甘守清贫，他重视的是精神富足。

量量：我想到了爱国主义诗人屈原、尽忠报国的岳飞、杀身成仁的文天祥，他们都是独异于人的人。

增老师：没错，他们为了追求家国大义，威武不屈、大义凛然、舍生取义，他们伟大的人格令他们不同于世俗之人。

主题链接

坚持真理的布鲁诺

哥白尼是文艺复兴时期波兰著名的天文学家，他创立的"太阳中心说"从根本上纠正了"地球中心说"，揭穿了宗教神学伪造的谎言，对社会革命起了巨大的推动作用。哥白尼的学说触犯了基督教的教义，遭到了教会的反对。他的著作《天体运行论》一直到他去世前才在众多阻挠下出版，这本书被列为禁书。

后来，乔尔丹诺·布鲁诺无畏地公开宣传和发展"太阳中心说"，教会宣布他为"异教徒"，开除了他的教籍，迫使他长期流浪异国，并千方百计地诱捕他。但是这一切，都未能使布鲁诺退缩。

反动教会恨透了布鲁诺，采取种种卑鄙伎俩，终于把布鲁诺诱骗回国，在宗教裁判所关了他八年多的时间。布鲁诺受尽了严刑拷打和非人的折磨，但始终不肯放弃真理，向反动教会屈服。

　　1600 年 2 月 17 日，教会判处布鲁诺死刑，决定在罗马的鲜花广场把他活活烧死。布鲁诺听到自己被判死刑，心里平静如常，他告诉刽（guì）子手们："你们对我宣读判词，比我听到判词还要恐惧。"临刑前，他无畏地高喊："火并不能把我征服，未来的世界会了解我，会知道我的价值。"

　　历史的进步终于使全世界了解了布鲁诺，知道了他的价值。后来，罗马教会不得不为布鲁诺平反。

wěi qū qiú quán
26 委曲求全

成 语 溯 源

　　曲则全，枉（wǎng，屈、弯曲）则直，洼则盈，敝（bì，凋敝、破旧）则新，少则得，多则惑。

（选自《道德经》第二十二章）

成语释义

　　【委曲求全】曲意迁就，以求保全，也指为了顾全大局而通融迁就。

增量阅读

卧薪尝胆

　　公元前 496 年，吴王阖闾（Hé Lǘ）派兵攻打越国，结果大败而归，身受重伤。临死前，阖闾嘱咐儿子夫差定要替他报仇。夫差不忘父仇，日夜加紧练兵，两年后亲自率兵打败越国，攻破越都。

越王勾践万般无奈，派大夫文种暗地贿赂（huì lù）吴太宰伯嚭（pǐ），请他在夫差面前说情求和。尽管伍子胥（xū）坚决反对，可得胜的夫差非常骄傲，不听伍子胥劝阻，答应了勾践的请求。

吴国撤兵后，勾践把国家大事托付给文种，自己带夫人和大夫范蠡（lǐ）到吴国伺候夫差。夫差让他们住在他父亲坟墓旁的石屋里，养马驾车，舂（chōng）米推磨，勾践非常顺从；夫差病了，他还无微不至地亲自侍奉。就这样过了三年，夫差认为勾践真心归顺他，就放他们返回越国。

勾践回国后，立志报仇雪耻。他怕安逸的生活消磨了斗志，每天晚上睡在稻草堆上。他还在屋里挂了一个苦胆，每逢饭前，先尝尝苦胆的味道，并时刻提醒自己："你忘记耻辱了吗？"

勾践命文种管理政事，范蠡管理军事，自己到田里与农夫一起干活，他夫人纺线织布，越国官民深受鼓舞。

为了麻痹夫差，勾践经常给他进贡珠宝，还将绝色美人西施献给他。夫差逐渐放松对勾践的警惕（tì），只顾吃喝玩乐，无心国政，并听信谗言逼迫忠臣伍子胥自杀。

经过二十多年的努力，越国在勾践的带领下兵精粮足，转弱为强。勾践见时机成熟，便向吴国大举进攻，夫差被逼得走投无路，这才想起伍子胥的忠告，后悔莫及，举剑自刎而死。

增量发现

量量：勾践为了振兴自己的国家委曲求全，最终打败吴国，真是令人尊敬，我也可以用刚刚学过的"独异于人"来赞扬他。

增老师：你真会学以致用。在某些情况下，委曲反能保全（"曲则全"），屈就反能伸展（"枉则直"），低洼反能充盈（"洼则盈"），破旧反能生新（"弊则新"），少取反能多得（"少则得"），贪多反而迷惑（"多则惑"）。

量量：我还记得这样一句话，"忍一时风平浪静，退一步海阔天空"，它说的也是这个意思。

增老师：在联系与比较中学习是一个好方法。《论语》有云"小不忍则乱大谋"，意思是小事不忍耐就会坏了大事。这与老子所说的"曲则全，枉则直"有异曲同工之妙。

主题链接

韩信的"胯（kuà）下之辱"

韩信是汉朝著名的军事家，与萧何、张良并称汉初三杰。他出身贫贱，从小就失去双亲，过着穷困而备受歧（qí）视的生活。

有一天，韩信到淮（Huái）水边钓鱼，有位洗衣服的老大娘见他饥饿难耐，便把自己的饭菜分给他吃。一连几十天，天天如此，韩信很感动，便对老大娘说："我以后一定会好好报答您。"老太太生气地说："身为男子汉大丈夫，竟然不能养活自己，我是看你可怜才给你饭吃，难道是希望你报答我吗？"韩信非常惭愧，立志要做出一番事业来。

在韩信的家乡淮阴城，有些年轻人看不起韩信。有一天，一个年轻人在闹市中拦住韩信，出言侮辱："你虽然身材高大，喜欢佩带宝剑，但你其实是个胆小鬼。你要是有胆量，就拔剑刺我，不然就从我的胯下钻过去。"围观的人都知道这个年轻人故意找茬（chá），借此羞辱韩信，便站在旁边看热闹。只见韩信仔细地打量了他一番，之后俯下身子从年轻人的胯下钻了过去。集市上的人都讥笑他胆小如鼠。史书上称此事为"胯下之辱"。其实，韩信并不是胆小怕事的无能之辈，他宁愿忍受屈辱也不肯轻易杀戮（lù），只是因为杀人无名罢了。

当时社会正处于改朝换代之际，韩信潜心研究兵法，练习武艺，期望有朝一日能出人头地。公元前209年，全国掀起了反抗秦朝统治的起义热潮，韩信几经辗转投入刘邦麾下。最初，韩信只是做了一个小官，很不得志。后经丞相萧何力荐，受封为大将军。他协助刘邦制定了还定三秦以夺天下的方略。楚汉战争期间，他率兵数万，开辟北方战场。破魏之战中，他针对魏军部署，佯（yáng）做正面渡河之势，暗从侧后方偷渡，攻其不备，俘获魏王豹。井陉（xíng）之战中，他背水为阵，大破赵军。潍水（位于山东东部，今称潍河）之战中，他借助河水分割楚军，将齐楚联军各个击破。他还参与指挥垓（Gāi）下之战，击灭楚军。韩信深谙（ān）兵法，战功卓著，为汉王朝的创建做出了重要贡献。

韩信在困境中挣扎，在草莽中崛起，在战斗中奋进，他忍一时之辱，终于成就了不世功勋（xūn）。

27 暴风骤雨
bào fēng zhòu yǔ

希言（少说话，此处指少施加政令）自然。故飘风（狂风）不终朝，骤雨（暴雨）不终日。孰为此者？天地。

（选自《道德经》第二十三章）

成语释义

【暴风骤雨】来势急速而猛烈的风雨，后用来比喻猛烈的行动或浩大的声势。

增量阅读

孟姜女哭长城

这个故事发生在很久很久以前，那时候秦始皇征发大量民工修筑万里长城。官府到处抓人去当民夫，被抓去的人不分白天黑夜地修筑长城，不知累死了多少人。

苏州有个书生叫杞（Qǐ）梁，为了躲避公差抓捕，不得不四处躲藏。有一天，他逃到了孟家花园，无意中遇到了孟姜女。孟姜女是一个美丽善良的姑娘，她同情杞梁的遭遇，便和父母一起将他藏了起来。两位老人都很喜欢杞梁，将孟姜女许配给了他。

可是新婚不到三天，杞梁还是被公差抓去修长城了。孟姜女哭得跟泪人似的，苦苦地等待丈夫归来。半年过去了，杞梁一点消息也没有。这时已是深秋季节，北风四起，芦花泛白，天气一天比一天寒冷。孟姜女想起丈夫远在北方修长城，一定十分寒冷，就亲手缝制了寒衣，启程去万里长城寻找杞梁。

　　一路上，孟姜女不知经历了多少艰难，吃了多少苦，终于来到长城脚下。谁知修长城的民夫告诉她，杞梁已经死了，尸骨被填进了城墙里。听到这个令人心碎的消息，孟姜女只觉得天昏地暗，一下子晕倒在地。醒来后，她伤心地痛哭起来，哭得天愁地惨，日月无光。不知哭了多久，忽听得天摇地动般一声巨响，长城崩塌了几十里，露出了数不清的尸骨。孟姜女咬破手指，把血滴在一具具尸骨上，她心里暗暗祷（dǎo）告：如果是丈夫的尸骨，血就会渗进骨头；如果不是，血就会流向四方。终于，孟姜女用这种方法找到了杞梁的尸骨。她抱着这堆白骨，又伤心地痛哭起来。

　　秦始皇虽然功绩卓著，完成了华夏大一统，可他的残酷压迫和剥削激起了人民群众的愤怒反抗，秦朝逐渐失去民心，终于二世而亡。

123

增量发现

　　量量：秦始皇统一六国，还统一文字和度量衡，确实建立了丰功伟绩，但他实施的暴政令秦王朝民不聊生，最后激起人民群众的强烈反抗，失民心者失天下，秦王朝终于二世而亡。

　　增老师：量量说得对。老子说，少施加政令是合乎自然的（"希言自然"）。所以狂风刮不了一个早晨（"故飘风不终朝"），暴雨下不了一整天（"骤雨不终日"）。谁使它这样的？天地。（"孰为此者？天地"）老子认为，天地掀起的暴风骤雨都不能够长久，更何况虐害百姓的暴政呢？

量量：我明白了。暴政就和暴风骤雨一样，是不可能持久的。所以，只有顺应自然，取信于民、造福于民，国家才能天长地久。

增老师：是的。历史是一面镜子，它告诉我们：统治者如果恣（zì）肆横行，那么人民就会抗拒他；统治者如果清静无为，不对百姓发号施令，不强制人民缴粮纳税，那么这个社会就会形成安宁平和的风气，统治者与老百姓相安无事，统治者的天下自然可以长存。

主题链接

商纣（zhòu）王的暴政

商纣王帝辛，是商朝最后一位君王。

据说纣王喜欢饮酒，他凿地为池，池中注酒，酒上行船，纣王同姬（jī）妾亲众在池中划船饮酒。他还大兴土木，建了一座鹿台，地基三里见方，高逾（yú）千尺。他把搜刮来的金银珠宝和各地物色的美女聚集在鹿台上，与君臣姬妾宴饮狂欢长达七日七夜。

纣王十分暴虐，设置了残忍的炮烙（páo luò）之刑。他重用馋臣，诛杀和废逐比干、箕（Jī）子、商容等贤臣，致使商朝的大师、少师、内史等官员叛纣而奔周。

纣王对大臣们尚且这样残暴，对待老百姓就更加肆无忌惮（dàn）了。他要造鹿台，就强迫老百姓去服劳役；他要喝酒，就随意夺走老百姓的口粮去酿酒；他要吃肉，就迫使老百姓没日没夜地到深山密林去猎取野兽；为了取悦他的爱姬妲己，他就把老百姓拉去砍头、剁足、剖腹。老百姓实在无法生活下去了，只好扶老携幼，哀号（háo）哭泣着四处逃亡。

纣王的暴政使商朝的统治再也维持不下去了，这时周武王在姜尚和周公旦的协助下决定讨伐商纣。公元前1046年，周武王在牧野竖起伐纣大旗，历数纣王腐败荒淫、凶残暴虐的种种恶行，然后指挥大军向商朝都城朝歌进攻。此时，纣王正带着他的爱妃妲己和宠臣在鹿台欣赏歌舞，饮酒作乐。当下属把周军进攻的消息告诉他时，他才慌忙召集大臣商量对策。因商军主力当时正在征讨东南夷（yí），一时调不回来，纣王只好临时把大批奴隶武装起来，命他们开赴前线，抵抗周军进攻。

当两军摆开阵势准备厮（sī）杀时，商朝军队临阵倒戈，殷商大败，纣王带着少数护卫逃回朝歌。他知道自己的末日即将来临，便身穿缀满宝玉的华丽衣服，自焚而死，自此商朝灭亡。

28 企者不立
qǐ zhě bú lì

成语溯源

企（通"跂"，抬起脚后跟站着）者不立；跨（kuà，阔步而行）者不行；自见（自现，自显于众）者不明；自是者不彰（zhāng，彰显、显扬）；自伐（夸耀）者无功；自矜（jīn，自尊自大）者不长。

（选自《道德经》第二十四章）

成语释义

【企者不立】踮脚而立的人难以久站，比喻不踏实工作的人站不住脚。

增量阅读

投鞭断流

魏晋时期，北方少数民族不断内迁至黄河中下游，四川、甘肃的少数民族也在川、甘、陕间移动。内迁的少数民族主要有匈奴、羯（Jié）、氐（Dī）、羌（Qiāng）、鲜卑，史称"五胡"。内迁民族群众饱受汉官、地主的剥削和奴役，生活十分困苦。于是，他们纷纷起义反对西晋统治，西晋王朝在激烈的阶级斗争和民族斗争中灭亡。

公元304年，匈奴贵族刘渊称汉王，自此北方地区进入了十六国阶段。这一时期，各少数民族的上层人士和汉族官僚地主在混战割据中纷纷建立政权。其中，氐族的秦国（史称前秦）实力最为强大。公元382年，前秦的版图几乎囊括了北中国的全部地区。秦王苻（Fú）坚自称天王，企图征服偏安东南的东晋王朝，蓄意统治全中国。

有一天，苻坚召集文武大臣，说："我称王已有二十多年，如今只有南方的晋国未被征服，一想到这件事，我连饭都咽不下。经过粗略估算，我秦国已坐拥九十七万精兵，我打算亲率大军灭晋，大家意见如何？"

左仆射（yè）权翼（yì）上前劝阻："目前，晋国虽不强大，但他们君臣和睦、上下一心，并且有谢安等人辅佐，所以眼下想要灭晋，肯定是办不到的。"

苻坚听后沉默良久，最后只得说："请诸位再谈谈自己的看法吧。"

此时，太子左卫率石越站了出来，他说："晋朝虽然退守江南，可是有长江天险可守，我们未必能取胜。"

这时，苻坚志骄意满，根本听不进反对意见。他不以为然地说："长江有什么了不起，凭我这百万大军，只要每个士兵把马鞭抛到江中，就足以阻断江水。"

尽管许多大臣都反对出兵，可苻坚不但不采纳大家的正确意见，还觉得他们不可理喻。

后来，归服前秦的鲜卑贵族慕容垂居心险恶地怂恿（sǒng yǒng）苻坚发兵。他对苻坚说："陛下完全可以自己做决定，何必征求众人意见呢？"苻坚听了高兴地说："和我共定天下的，只有你了。"

苻坚一意孤行，于公元383年下诏大举伐晋。他在全国征募军士，遴（lín）选二十岁以下的富家子弟三万人组成骑兵卫队。之后，他率领大军向晋国进发，结果在淝水一役中被晋军以少胜多，前秦元气大伤。

增量发现

量量： 读了投鞭断流的故事，结合"成语溯源"中的提示，我基本上弄懂了下面几句话的意思：踮起脚跟是站不稳的（"企者不立"）；阔步前行是走不远的（"跨者不行"）。但后面几句我就不大懂了，您能帮我解读一下吗？

增老师： 老子通过常见的现象告诉我们，凡事刻意而为是不能长久的，接着引申出做人的道理：自逞己见的人反而不得自明（"自见者不明"）；自以为是的人反而不得彰显（"自是者不彰"）；自我夸耀的人反而不得见功（"自伐者无功"）；自高自大的人反而不得长久（"自矜者不长"）。

量量： 经老师这么一说，我明白了做人不可自夸自耀，做事不可轻率冒进。"知人者智，自知者明""欲速则不达""骐骥（qí jì）一跃，不能十步"讲的是同样的道理。

主题链接

司马光和《资治通鉴》

司马光，字君实，北宋政治家、史学家、文学家。他主持编纂（zuǎn）了中国历史上第一部编年体通史《资治通鉴》，其与西汉司马迁编纂的《史记》是史学史上的两颗明珠，至今仍为世人推崇。

《资治通鉴》记载了上起战国周威烈王下至五代后周世宗长达

1362 年的历史，全书共 294 卷，还有考异、目录各 30 卷，约 300 多万字。其规模之大，令人叹服。

司马光为编纂《资治通鉴》翻阅了大量资料。宋神宗允许他借阅史馆、昭文馆、集贤院的所有书籍，并特许他借阅龙图阁、天章阁及秘阁的藏书。宋神宗还将自己私藏的 2400 余卷书献出来，供司马光参考。除此之外，司马光还参阅了大量野史、谱录、正集、别集、墓志等资料，共 222 种，计 3000 多万字。

司马光治学严谨，对自己要求很严格。他给自己制订计划，每三天修改一卷。一卷史稿四丈长，平均一天修改一丈多，若遇事耽（dān）误，事后必须补上。每天晚上他总是让老仆人先睡，自己点着蜡烛工作到深夜，第二天凌晨就起来继续工作。夜里，他怕睡过头，便让人用圆木做了个枕头，木枕光滑，稍稍一动，头就落枕，人便惊醒。后人称此枕为"警枕"。司马光的住处，夏天闷热，无法工作，他便让人在屋里挖一个大坑，砌成一间地下室。地下室冬暖夏凉，成了他编书的好去处。司马光修改过的书稿堆满了两间屋子。书法家黄庭坚曾看过其中几百卷，他发现这些书稿全是用楷书写成的，没有一个草字。司马光曾问他的好友邵（Shào）雍："你看我是怎样一个人？"邵雍回答："君实，脚踏实地人也。"

司马光为编纂《资治通鉴》用了 19 年时间，从 48 岁编到 66 岁。这 19 年勤苦的伏案工作，耗尽了他的心血。《资治通鉴》成书不到两年，司马光就积劳而逝了。

司马光逝世后，宋哲宗亲临丧礼，并下旨为他举行隆重的官葬。家乡老百姓为了纪念他，特为他建了墓碑亭，树起一块巨碑，碑额刻有宋哲宗的御篆（zhuàn）"忠清粹德"字样，大文学家苏东坡为其撰写了碑文。

积 累 与 运 用

一、根据意思填成语。

1.踮脚而立的人难以久站，比喻不踏实工作的人站不住脚。

（　　　　　　　）

2.来势急速而猛烈的风雨，后用来比喻猛烈的行动或浩大的声势。

（　　　　　　　）

3.曲意迁就，以求保全，也指为了顾全大局而通融迁就。

（　　　　　　　）

4.独自与别人不同，一般指不同于世俗。（　　　　　　　）

二、想一想，选取本单元学过的一个成语填写在括号里。

1.大家都忙忙碌碌地追名逐利，唯有他（　　　　　　　），一心为百姓谋福祉，从不顾及个人得失。

2.为了党和人民的利益，他对待同志宽大、容忍，甚至为了顾全大局能够（　　　　　　　），忍受各种误解和屈辱而毫无怨恨之心。

3.这棵青松经过（　　　　　　　）的洗礼，显得更加青翠挺拔了。

4.小明平时不努力学习，总是在考试前临阵磨枪，虽然偶尔也能起点小作用，但（　　　　　　　），他终因基础不扎实，成绩越来越差。

老子认为天之道就是人之法，自然法则也应是人的行为规范，应把对自然法则的认识上升到人类行为价值的高度。老子的人生哲学启迪我们，为人处世就是对自然万物与人类社会基本规律的掌握与运用，就是将自己的行为与天地万物的运行规律融为一体。宽厚仁慈是安身立命之本，清心寡欲是修身养性之要，谦虚柔和是立身处事之则。

29 余食赘行
yú shí zhuì xíng

成语溯源

　　其在道也，曰：余食赘行（赘瘤。行，即形），物或恶（wù，厌恶）之，故有道者不处（处世行事）。

（选自《道德经》第二十四章）

成语释义

　　【余食赘行】比喻令人讨厌的东西。余食，即剩饭；赘行，即身上的赘疣（yóu）。

增量阅读

自高自大的公孙述

　　东汉初年，刘秀做了皇帝，史称光武帝。当时，政权虽已建立，但天下尚未统一，各路豪强凭借自己的军队称霸一方，各自为政。

　　在各路豪强中，公孙述实力最为强大，公元25年，他在成都自立为帝。为此，在甘肃天水一带称霸的隗嚣（Wěi Xiāo）派马援（yuán）去公孙述那里探听虚实。马援跟公孙述本是同乡，而且交情很好，他以为这次见面定能与公孙述握手言欢，于是信心百倍地踏上征途。可是他没想到，公孙述竟在他面前摆起皇帝的架子。公孙述高居殿堂之上，令御林军站立阶前，然后才宣马援觐（jìn）见。但是，没说几句话，他便派人将马援送到客馆。接着，公孙述命人给马援制作都布单衣、交让冠，在宗庙中聚集百官，设宴招待他。席间，公孙述还表示要封马援为侯爵（jué），并授予他大将军之职。马援的随从宾客以为受到了礼遇，都愿意留下来，马援却对他们说："如今天下胜负未定，各路豪强仍在你争我夺，公孙述不知殷勤礼让，广纳天下贤士，共同建功立业，反而大讲排场，自以为是，这样的人怎能久留人才呢？"

马援拒绝公孙述的封赏，回到隗嚣处，他对隗嚣说："公孙述只不过是个井底之蛙，他妄自尊大，自以为了不起，我们不如去刘秀那里寻找出路。"

不久，隗嚣让马援去洛阳拜访刘秀，刘秀礼贤下士，与马援相谈甚欢。马援敬服刘秀的雄才伟略、气度胸襟，便投入刘秀麾下。之后，马援竭尽全力辅佐刘秀，立下赫赫战功。历史的发展正如马援预料的那样，刘秀一统天下，令汉室中兴，而公孙述因为自己的短视以失败告终。

公孙述雄踞一方，以帝王自居，对待慕名而来的贤才傲慢无礼，可他不知天外有天，人外有人。自高自大，就像公孙述身上的赘疣，最终阻碍了他的发展。

增量发现

量量：增老师，我发现根据成语的解释，"余食赘行"这个成语好像和老子的思想没有关系。

增老师：量量，这个成语在这里是比喻义，结合前文，我们会发现，这些令人讨厌的行为指的就是自我炫耀、自我显露、自

以为是和自高自大。老子说,从道的观点来看,(这些急躁炫耀的行为)都可说是剩饭赘瘤("其在道也,曰:余食赘行"),它们都惹人厌恶("物或恶之"),所以有道的人不这样做("故有道者不处")。

量量:哦,我明白了,理解成语不能就词解词,一定要联系上下文进行思考。老子是把这些行为比作惹人厌恶的剩饭赘瘤。

主题链接

孔子认错

有一次,孔子带着子路、子贡和颜渊到海州游历。一行人听到海浪拍岸之声,便爬上山顶登高望远,只见水天相连,大海一望无际,他们兴奋极了。这时,孔子感到又热又渴,让颜渊下山舀(yǎo)点海水来喝。

颜渊拿上器具正要下山,忽听得身后有人在笑,回头一看,是个渔家孩子,那孩子说:"海水又咸又涩,不能喝。"说完,他把盛满淡水的竹筒递给孔子。

孔子喝水解了渴,正想道谢,忽然一阵急雨袭来,子路大声嚷道:"糟糕,现在到哪里去躲雨呢?"那个渔家孩子熟门熟路地把他们领进一个山洞。孔子站在洞口观赏雨中的海景,不由得诗兴大发,吟道:"风吹海水千层浪,雨打沙滩万点坑。"三个弟子齐声赞扬孔子的诗做得好,那渔家孩子却不以为然,他对孔子说:"千层浪,万点坑,难道你有数过么?"孔子深感惭愧,心悦诚服地接受了孩子的批评。

事后,孔子歉疚地对三个弟子说:"学而知之,而非生而知之,知之为知之，不知为不知啊！"

孔子在当时已是名扬天下的贤人，但是在一个孩子面前，他认识到自己的不足和错误并勇于承认，所以更加值得人们尊敬，后世将孔子登过的这座山命名为孔望山。

30 知雄守雌
zhī xióng shǒu cí

成语溯源

知其雄（刚劲，躁进），守其雌（柔静，谦下），为天下谿（同"溪"，象征谦卑）。

（选自《道德经》第二十八章）

成语释义

【知雄守雌】指弃刚守柔，比喻与人无争。

增量阅读

知雄守雌的张良

张良，字子房，秦末汉初杰出的谋士，他以出色的智谋协助刘邦在楚汉战争中夺取天下，帮助吕后扶持刘盈登上太子之位，被封为留侯。

秦朝末年，张良在淮阳学礼，到东方见到了仓海君，与他共同制订了刺杀秦始皇的计划。张良找到一个大力士，制造了一个重达一百二十斤的铁锤，然后二人在博浪沙伏击秦始皇，可惜误中副车。秦始皇大怒，大肆搜捕刺客，张良只好改名换姓，隐居于下邳（pī）。

有一天，张良悠闲地在下邳桥上漫步。有一个身穿粗布衣裳的老人走到张良面前，故意把鞋子甩到桥下，看着张良说："小子，下去把鞋捡上来！"张良很惊讶，想出手教训他，可见他年老，便强忍着将鞋拾了回来。谁知老人不仅不知感恩，还得寸进尺地说："给我把鞋穿上。"张良心想既然已经把鞋捡了上来，就好人做到底吧，于是跪在地上为老人穿上鞋。老人见状，笑着离去了。张良非常吃惊，一直注视着老人离去的身影。老人离开了约有一里路，又折返回来，说："你这个孩子可以教导。五天以后天刚亮时，在这里等我。"张良觉得这件事很奇怪，但还是应诺了。五天之后的拂（fú）晓，张良如约而至。老人已经先到了，他生气地说："和老人相约，反而后到，这是为什么？你走吧，五天以后早点来会面。"五天之后公鸡刚刚啼鸣，张良就前去赴约。奈何，老人又先到了，他怒斥道："你怎么又来晚了？你走吧，五天后早点过来。"五天过去了，张良不到半夜便前去赴约。过了一会儿，老人也来了，他高兴地说："就应该这样。"然后，他拿出一本书递给张良，接着说："读了这本《太公兵法》就可以做帝王的老师，十年以后就会发迹。十三年后，你来济北见我，谷城山下的黄石就是我。"说完，老人便离去了。

张良得到这本奇书，日夜诵读研习，获益良多，最终成为"运筹帷幄（wéi wò）之中，决胜千里之外"的杰出军事家、政治家。

增量发现

量量：增老师，张良深知自己比老者年轻力壮，却安守雌柔，就像溪涧一样谦卑，他做得多么恰当稳妥啊！

137

增老师：是的。老子提倡"守雌"，关键在于"知雄"。张良就是这样，"知雄"不是仗势欺人或得理不饶人，而是知彼知己，对症下药；"守雌"不是被动地任人欺凌，而是处后、守柔、含藏、内敛，是谦退到不能再退、不能再低的地步，与懦弱仅有一线之隔。老子说，深知雄强（"知其雄"），却安于雌柔（"守其雌"），甘做天下的溪流（"为天下豁"）。

量量：增老师，我明白了。也就是说，内心虽然坚强，外表却要柔弱而与人无争。这就是我们前面所学的"和光同尘"的处世态度。

主题链接

韬（tāo）光养晦的宇文邕（yōng）

宇文护，字萨（sà）保，北周文帝宇文泰的侄子。他早年跟随宇文泰与东魏多次交战，屡建战功，深受宇文泰器重。公元556年，宇文泰驾崩，他立下遗嘱，命宇文护监管国家大事。宇文护见宇文泰第三子宇文觉幼弱，想趁宇文泰的权势和影响尚存时，早日夺取政权，因此迫使西魏恭帝禅（shàn）位。第二年，宇文护拥立宇文觉登上王位，建立北周。宇文觉称帝后不满宇文护专权，意图诛杀他，反被宇文护先发制人，宇文觉被逼退位，一个月后被杀害。宇文护又拥立宇文泰庶长子宇文毓（yù）为帝。宇文毓聪慧机智，有胆有识，宇文护很惧怕他，便于公元560年将其毒死。之后，宇文护拥立宇文泰第四子宇文邕为帝，是为北周武帝，此时朝中实权仍牢牢掌控在宇文护手中。

宇文邕深知宇文护权倾朝野，所以他不敢轻易暴露自己对宇文护的不满。有一次，周梁躁公侯莫陈崇随宇文邕巡视原州，宇文邕连夜返回京师，众人都认为这件事有些古怪。侯莫陈崇自作聪明，对亲信常升说："从前我听占卜者说，晋公宇文护流年不利。皇上忽然连夜赶回京师，不外乎是晋公宇文护死了。"宇文邕听说此事后，当着文武百官的面严厉斥责侯莫陈崇。当天夜里，宇文护率兵包围侯莫陈崇的府邸，逼他自尽。

宇文邕吸取两位兄长的教训，表面上对宇文护尊重屈从，事事按照他的意思去做，暗中却在慢慢积蓄力量，寻机诛灭宇文护。

公元572年，宇文护从同州（今陕西大荔）返回长安。宇文邕说太后最近经常喝酒，希望宇文护读《酒诰（gào）》给太后听，劝她戒酒。宇文护不知是计，听从宇文邕所言，为太后读起了《酒诰》。读到一半的时候，宇文邕举起玉斑（tǐng）猛击其后背，最后在宦官何泉和卫公宇文直的帮助下将宇文护诛杀。

此后，北周大权真正掌握在宇文邕手中，他大刀阔斧地进行了一系列改革，使北周转弱为强。公元577年，宇文邕灭北齐，使整个北方成为一体，完成了局部统一。

31 zhī bái shǒu hēi
知 白 守 黑

成 语 溯 源

知其白（明亮），守其黑（暗昧），为天下式。

（选自《道德经》第二十八章）

成语释义

【知白守黑】对是非黑白虽然明白，还当保持暗昧，如无所见。这是道家提倡的一种处世之道。

增量阅读

青梅煮酒论英雄

曹操在白门楼勒（lēi）杀吕布后，带着刘备、关羽、张飞三人回到许昌。汉献帝察觉曹操的不臣之心，传董承衣带诏（藏在衣带间的秘密诏书），让他除掉曹操。董承暗地联合刘备等人，密谋共举大事。刘备怕曹操生疑，每天在府邸浇菜，韬光养晦。

有一天，刘备正在后园浇菜，许褚（chǔ）、张辽带了数十个人请他去见曹操。一见面，曹操便说："你在家做大事啊！"刘备以为密谋之事泄露，吓得面如土色。曹操拉着刘备的手走到后园，对他说："你学习园艺不容易啊！"刘备这才放下心来。曹操的耳目遍布朝野，刘备每天的一举一动他都清清楚楚。这两人，一个暗地里密谋反曹大计，一个派人每天监视对方行踪，都是权谋机变之辈。

二人以青梅下酒，正喝得酣畅时，天边黑云压城，忽卷忽舒，有若龙隐龙现。曹操说："龙能大能小，能升能隐；大的能兴云吐雾，小的能隐藏形体，使人看不见它；到了空中它便飞腾于宇宙之间，隐藏起来就潜伏于波涛之内。如今春意正浓，龙随着季节变化，就像人得志后纵横于四海之间。龙这种动物，可以和世间的英雄相比。你长期游历四方，一定知道当今的英雄是谁。"曹操真是豪情万丈的英雄人物，这番话看似描述龙的变化，实则借物咏志，做了一番自我剖白。当然，他也为刘备下了个套，他想知道在刘备眼里，什么人能纵横四海，称得上英雄。

　　刘备大智若愚，接连指出袁术、袁绍、刘表、孙策和刘璋等地方豪强，都被曹操一一否决。接着，曹操给出了当世英雄的标准，他说："凡称为英雄的人，都有伟大的志向，胸中蕴藏着精良计谋，他们都有容纳宇宙的胸怀，吞吐天地的志气。"刘备继续装傻，问道："谁是当今天下的英雄呢？"曹操指了指刘备，然后指了下自己，说："当今天下的英雄，只有你和我曹操了！"刘备大吃一惊，筷子都掉到了地上。恰巧，当时大雨将至，雷声大作。刘备从容地俯身拾起筷子，说："这雷声好大呀，都把我手中的筷子吓掉了。"曹操笑着说："你也害怕打雷吗？"刘备回答："即使是圣贤，面对迅雷烈风脸色也会变，何况是我呢？"通过一番机智的言论，刘备将内心的惊惶巧妙地掩饰过去了。

　　这次酒局堪称双龙聚会。从曹操的"说破英雄惊杀人"到刘备的"随机应变信如神"，可谓步步玄机。曹操的睥睨（pì nì）群雄之态、雄霸天下之志表露无遗，而刘备的随机应变、进退自如也体现了一世豪杰应有的技巧和城府。这一场政治交心，双方都是赢家。

增量发现

　　量量：这场双龙聚会看似波澜不惊，实则暗藏玄机。刘备深知自己没有曹操实力雄厚，无法与他抗衡，所以隐藏自己的锋芒，得以自保，这是一种大智慧。

增老师：没错。老子说，深知明亮（"知其白"），却安于暗昧（"守其黑"），甘做天下的模范（"为天下式"）。他主张做人要含藏内敛、韬光养晦，这是一种深藏的智慧，也是一种悄无声息的谋略。刘备正是以这种方式一步步积蓄力量，最终成为三国时期蜀汉开国皇帝。

量量：老师，老子之所以主张这样的处世之道，与他所处时代的政治格局有关系吧，您能给我具体讲讲吗？

增老师：老子的思想与春秋战国时期的政治格局确实有着极大的关系。当时争霸斗争持续不断，社会动荡不安，越是锋芒毕露、才华横溢、无可匹敌者，越被那个嫉贤妒能的天下所不容，不但无所成，还很可能落得一个身死族灭的下场。所以，只有做到韬光养晦，才可能在那样的乱世中保全自己。

主题链接

储位之争

康熙晚年，储位未定，诸皇子之间的储位之争愈演愈烈。康熙帝对储位之争深恶痛绝，可又无可奈何。

见到父亲如此反感兄弟之间的争斗，康熙帝第四子胤禛（zhēn）既没有参加太子党，也没有参加八阿哥党。他的同胞兄弟十四阿哥参加了八阿哥党，他对弟弟既不支持，也不干预，对八阿哥党既不依附，也不反对。胤禛韬光养晦、不露声色，将自己谋取储位的想法深藏于心。

　　胤禛有一个幕僚名叫戴铎（duó），他对胤禛说："有如此英明的父亲，做儿子实属不易。过分表现，怕引起皇上怀疑；过分隐藏，又怕被皇上鄙弃。所以，过分表现也不是，过分隐藏也不是。"那怎么办呢？胤禛根据戴铎的意见，总结了四条处事准则：诚孝皇父、友爱兄弟、谨慎敬业、戒急用忍。

　　此后，胤禛严格依循这四条准则行事，一步步向皇位靠拢。

　　胤禛深知，欲夺位必先积蓄势力。他以不达目的不罢休的精神千方百计招揽人才，在他的苦心经营下，掌管西北前线兵权的川陕总督年羹（gēng）尧、统管京师警卫事务的步兵统领隆科多等人踏踏实实为他效劳，这对他日后顺利登基起到了相当重要的作用。

　　在储位之争中，胤禛为了不让自己成为权力争夺的靶心，表现出一种淡泊超然的样子，公开声称自己是天下第一闲人。他还特地编了一本《悦心集》，其中收录了陶渊明的《归去来辞》《桃花源记》、刘禹锡的《陋室铭》等诗文，以表明自己归隐山林、读书赋闲的心志。他借此告诉人们：他对"头戴天平冠，身穿衮（gǔn）龙袍"毫无兴趣，更不会处心积虑地争夺储位。

　　公元 1722 年，胤禛以韬光养晦之道在众位兄弟中脱颖而出，顺利承继大统，成为清朝入关后第三位皇帝，次年改年号为雍正。

32 知荣守辱

zhī róng shǒu rǔ

知其荣，守其辱，为天下谷（川谷，象征宽容、谦卑）。

（选自《道德经》第二十八章）

成语释义

【知荣守辱】虽然知道怎样可以得到荣誉，却安于受屈辱的
地位。

增量阅读

王翦（jiǎn）甘当小人

王翦，秦国名将，因杰出的军事指挥才能与白起、李牧、廉
颇并称为战国四大名将。

有一天，秦王嬴政召集群臣商议灭楚大计，秦王询问将军李
信："我想要夺取楚国，根据你的推测，需要多少士兵才够？"李
信说："二十万就可以。"秦王又询问王翦，王翦说："非六十万大
军不可。"秦王认为王翦年迈，难以担当大任，便派李信和蒙武率
兵二十万讨伐楚国。王翦则称病辞官，返回故乡频阳。

之后，楚军故意示弱，且战且退，保留精锐部队从后方突袭
秦军，斩杀秦军七个都尉，秦军大败。秦王听到这个消息，暴
跳如雷。他亲自乘车前往频阳，向王翦道歉说："我没有采纳将

军的计策，李信果然使秦军蒙受耻辱。现在将军虽然患病，但您就忍心抛下我不管吗？"王翦仍推辞道："老臣病弱体衰，昏聩（kuì）无能，请大王另选良将。"可秦王坚持让王翦率兵出征，王翦说："如果您一定要用我的话，非给我六十万大军不可！"秦王一口应承下来。

于是，王翦率领六十万大军征伐楚国，秦王亲自送行到灞（Bà）上。出征时，王翦请求秦王赏赐他很多良田美宅。秦王说："你就出发吧，何必担心日后贫穷啊？"王翦回答："身为大王的将领，虽立下战功，但终究不能被封为侯爵，所以趁着大王现在重用我，请求您赏赐田宅，好为子孙留下产业啊。"秦王听后大笑不止。王翦率军出发，抵达武关，又陆续派遣五位使者向秦王请求赏赐良田。部下担心王翦频频要求赏赐太过分，王翦这才说出了自己的用意："大王生性多疑，如今他把全国士兵都交给我了，他能放心吗？我若不请求大王赏赐田宅，为我的子孙谋立产业，以表明我誓死为大王效忠，大王便要疑惧我拥兵自立啦！"

公元前 224 年，秦国大军抵达楚国国境。王翦下令全军坚守营寨，不得与楚军交锋。楚军多次到营前挑衅，秦军始终不出战。王翦每天让士兵休养生息，后来他们甚至比赛投石以做消遣。就这样过了很长时间，楚军终于按捺（nà）不住，挥师向东而去，王翦率兵发起突击，大破楚军，先斩杀楚国将军项燕，后俘获楚国国君负刍（chú），平定楚国。

在灭楚之战中，王翦巧妙地运用了"知其荣，守其辱"的方法赢得了秦王的信任，从而立下了旷世奇功。

增量发现

量量：通过王翦甘当小人的故事，我对"知荣守辱"有了进一步了解。原来，甘愿处于卑下的地位是一种大胸怀。

增老师：是呀，深知什么是荣耀（"知其荣"），却安守卑辱的地位（"守其辱"），甘愿做天下的川谷（"为天下谷"），这样的人确实胸襟广阔、谦卑包容。

量量：和"知荣守辱"意思相近的还有"知雄守雌""知白守黑"，这几个成语都含有退让、不争的意思。

主题链接

萧何自毁其名

萧何，沛丰（今江苏丰县）人，秦朝时任沛县主吏掾（yuàn），秦末辅佐刘邦起义。攻克咸阳后，他接收了秦丞相、御史府所藏的律令、图书，掌握了全国的山川险要、郡县户口，对日后制定政策和取得楚汉战争胜利起了重要作用。楚汉战争时，他留守关中，使关中成为汉军的巩固后方，他不断地输送士卒、粮饷支援作战，对刘邦战胜项羽、建立西汉政权起了重要作用。汉朝建立后，刘邦论功行赏，定萧何为首功，萧何位列众卿之首，被封为酂（zàn）

侯，食邑八千户，益封（增加封邑）二千户。

恭谨自持的萧何一生小心谨慎。楚汉战争时期，刘邦赐予他先斩后奏的大权，但他仍然十分谨慎，为了消除刘邦的疑虑，听从鲍生之言，将子孙兄弟中能打仗的人都派到军队中去，实际上萧何是将他们送去做人质，自此刘邦更加信任他了。

汉十一年（公元前196年），陈豨（xī）反叛，刘邦亲自率军到达邯郸（Hándān）。此时，韩信在关中密谋造反，吕后采用萧何的计策杀了韩信。刘邦听闻此事，派使者拜丞相为相国，加封五千户，命令一名都尉和五百名士卒为相国护卫。萧何听从布衣召平之言，辞谢封赏，并以全部家产资助军队，此举令刘邦非常高兴。

这年秋天，黥（Qíng）布（即英布）反叛，刘邦率军征讨，其间他多次派使者询问相国萧何的动向。使者回答："因为皇上在军中，萧相国就在后方安抚勉励百姓，他把自己的家产全都拿出来资助军队，和讨伐陈豨时一样。"刘邦听后，总是默不作声。门客听说这件事后，便对萧何说："您灭族的日子不远了。您如今已是百官之首，功劳第一，还有什么职位能封赏给您呢？您一入关就深得民心，如今还勤勉地为民办事。如今，皇上屡次询问您的动向，是害怕您功高震主，图谋不轨啊。您何不多买田地，采取低价、赊借等手段来败坏自己的声誉？这样一来，皇上才能对您放心啊！"萧何虽然不愿剥削百姓，但只得依计行事。

之后，刘邦平定黥布叛乱，撤军返回长安。回来途中，百姓拦路上书，说萧何低价强买百姓田宅，价值数千万。刘邦认为萧何如此贪图小利，绝不可能冒着杀头的风险反叛，因此打消了对萧何的疑虑。

深知什么是荣耀，却甘受屈辱，萧何正是用这种自污名节的方法得以自我保全。

积 累 与 运 用

一、根据意思填成语。

1. 对是非黑白虽然明白，还当保持暗昧，如无所见。（　　　　　　）

2. 虽然知道怎样可以得到荣誉，却安于受屈辱的地位。

（　　　　　　）

3. 比喻令人讨厌的东西。（　　　　　　）

4. 弃刚守柔，比喻与人无争。（　　　　　　）

二、想一想，选取本单元学过的一个成语填写在括号里。

1. 一个高尚的人往往是（　　　　　　）的，他不会为了荣誉出卖自己的灵魂。

2. 张良明知自己比老人身强力壮，却安守雌柔、谦卑宽容，这就是（　　　　　　）。

3. 公孙述以帝王自居，对待慕名而来的贤才傲慢无礼。他自高自大、自夸自耀的行为正是老子所说的（　　　　　　），令人厌恶。

4. （　　　　　　）的理念意在教人处世之道，是非对错了然于心，外表却装作愚鲁蠢钝的样子，对世俗之流既不赞美也不批判，沉默笑看尘世，与"大智若愚"有异曲同工之妙。

《道德经》句式整齐，大致押韵，为诗歌体之经文，读之朗朗上口，易诵易记，体现了中国文字的音韵之美，如『虚其心，实其腹，弱其志，强其骨』『其政闷闷，其民淳淳』。这些词句不仅押韵，而且平仄相扣，有音韵美，也有旋律美。朗诵经文，是一种美的享受，在音韵之美中体味深刻的哲理。

33 天道好还
tiān dào hào huán

成语溯源

以道佐（辅佐）人主者，不以兵（武力）强（逞强）天下。其事好还（还报、报应）。

（选自《道德经》第三十章）

成语释义

【天道好还】指上天对人的善恶会有公正的回报，即善有善报，恶有恶报。

增量阅读

息夫躬的起落

西汉哀帝时，有个姓息夫名躬的人，他仗着自己是哀帝丈人傅晏（yàn）的朋友，借机攀炎附势，谋求高位。这个人没有任何才学，光凭察言观色的能力及一张利嘴，就骗得了宜陵侯的爵位。这都要怪汉哀帝即位之初体弱多病，权位不稳，总怀疑其他人会篡（cuàn）位，所以只要一有风吹草动就疑神疑鬼，务必斩草除根。

当时，东平王刘云祭祀（sì）山神祈求平安，息夫躬借此事大做文章，说刘云另有所图。哀帝听说后，立刻派出钦差进行查核，刘云无法自白，只好自杀谢罪。息夫躬奸计得逞，他认为这是加官晋爵的妙法，于是逮到机会就故伎（jì）重演。

息夫躬在朝中依附傅晏，他常常危言耸听，使哀帝心生恐惧，借机为傅晏牟利。有一次，他禀奏哀帝："往年天象异常，这是将要发生兵祸的征兆。请陛下派遣大将军巡行边塞，整饬（chì）装备，斩一个郡守立威，以威震四方蛮夷，灭祸于无形。"丞相王嘉极力反对，哀帝不听，拜傅晏为大司马卫将军，命他出使边塞。恰巧当天出现日食，高安侯董贤趁机破坏息夫躬与傅晏的计策，哀帝这才收回成命。几日后，哀帝收回傅晏的卫将军印绶（shòu）。丞相、御史上书检举息夫躬的罪过，哀帝大怒，下诏罢免息夫躬的官职，将他遣回封地。

息夫躬回到封地之后，时常被盗贼骚扰，他的同乡贾惠教他折取桑枝画北斗七星诅咒盗贼。不料，有人上书说息夫躬心怀怨恨，夜观星象预测天子吉凶，并同巫师一起诅咒天子。哀帝不问青红皂白，派人将息夫躬捕入洛阳大牢。息夫躬当年陷害东平王，不料报应不爽，他如今也含冤叫屈，无法自白。待要刑讯审问时，息夫躬仰天大呼，然后倒地不起，一命呜呼。

增量发现

量量：俗话说"天理循环，报应不爽"，息夫躬陷害忠良，最后他也落得个同样的下场，这就是恶有恶报啊！

增老师：是啊，老子说，用道辅佐君主的人（"以道佐人主者"），不靠武力逞强于天下（"不以兵强天下"）。用兵这件事一定会得到还报（"其事好还"）。老子借此警告世人：武力横行，必将自食其果，自取灭亡。

量量：我明白了。老子想告诉我们，发动战争是没有好下场的。对于我们个人来说，"天道好还"还告诫我们"勿以善小而不为，勿以恶小而为之"。

主题链接

善有善报

在一个异常寒冷的冬日，他突然接到总部电话，命令他立即赶回去。要命的是，这时外面突然飘起了大雪。天很快黑了下来，天气也变得越来越冷。

他静静地坐在车上想着这一天发生的事，当然更重要的是想着德国明天会做什么。就在这时，他突然看到一对法国老夫妇坐在路边冻得发抖，大雪都快把他们掩盖了。他对司机说："你赶快把车子停下来，我们去看看那对夫妇发生了什么事情？"司机急忙提醒他："我们必须按时赶到总部，这种事情还是交给当地的警方处理吧。"可他坚定地说："等到警察赶来，这对老夫妇恐怕早就冻死了！"于是，他让司机和他一起下了车。经过询问，他们才知道这对老夫妇要去巴黎投奔儿子，因为雪路太滑，他们的汽车在中途抛锚（máo）了，而这里前不着村后不着店，他们冻得直哆嗦（duō suo），正不知如何是好呢。听说老夫妇的遭遇后，他立即请这对老夫妇上了自己的车，还命令司机将这对老夫妇送到了巴黎，然后才和司机赶回总部。

他怎么也没有想到，这个善良的举动很快就得到了意想不到的回报：原来那天德国纳粹（cuì）的狙（jū）击兵早已埋伏在他们的必经之路上，等他的车一到就立刻实施暗杀行动。如果不是为了帮助那对老夫妇而改变了行车路线，他恐怕很难躲过这场劫难。

这个人，就是美国第 34 任总统艾森豪威尔。事后，艾森豪威尔感叹地说："原来我以为是我救了那对法国夫妇，现在才知道是他们救了我！"

34 佳兵不祥
jiā bīng bù xiáng

成语溯源

夫兵（兵革）者，不祥之器，物或恶之，故有道者不处（使用）。

（选自《道德经》第三十一章）

成语释义

【佳兵不祥】原指兵革是不吉利的东西，后多用来指好用兵是不吉利的，意为反对随意发动战争。

增量阅读

墨子止楚攻宋

鲁班替楚国制造云梯这种攻城器械，造成后，将用它攻打宋国。墨子听说后，从鲁国出发，走了十天十夜才到达郢（Yǐng）都，见到了鲁班。

鲁班说："先生有什么指教呢？"墨子说："北方有一个欺侮（wǔ）我的人，我希望借助你的力量杀了他。"鲁班很不高兴。墨子说："我愿意献给你十镒（yì）黄金。"鲁班说："我坚守道义，绝不杀人。"

墨子站起来再次行礼，接着说："请让我向你说说这义。我在北方听说你制造云梯，将用它攻打宋国。宋国有什么罪呢？楚国土地富足，人口却不足。现在牺牲不足的人口，掠夺本就富余的土地，不能称作明智。宋国没有罪却攻打它，不能称作仁义。知道这些而不向楚王进言，不能称作忠。劝阻却没有成功，不能称作坚持。你奉行仁义，不肯帮我杀欺负我的那个人，却要为楚国攻打宋国出力，从而杀害很多人，不能叫作明白事理。"鲁班被说服了。

墨子又问他："既然这样，为什么不取消进攻宋国的计划呢？"鲁班说："不行，我已经对楚王说过这件事了。"墨子说："为什么不向楚王引见我呢？"鲁班说："好吧。"

墨子拜见楚王，说："现在这里有一个人，舍弃他装饰华美的车，却想偷邻居的破车；舍弃自己华美的衣服，却想偷邻居的粗布衣服；舍弃自己的美味佳肴，却想偷邻居的粗劣饭食。这是怎样一个人呢？"楚王回答："这个人一定患有偷盗的毛病。"

墨子说："楚国的土地方圆五千里，宋国的土地方圆五百里，这就像装饰华美的车同破车相比。楚国有云梦泽，里面有成群的犀（xī）牛麋（mí）鹿，长江、汉水里的鱼、鳖（biē）、鼋（yuán）、鳄（è）鱼多得数不清，宋国却连野鸡、兔子、狐狸都没有，这就像美味佳肴同粗劣饭食相比。楚国有巨松、梓（zǐ）树、楠树、樟树等名贵木材，宋国连棵大树都没有，这就像华丽的衣服与粗布衣服相比。我认为楚国进攻宋国，与这个有偷窃病的人的行为是一样的。大王如果这样做，一定会伤害道义，而不能占有宋国。"楚王说："好啊！只是鲁班已经给我造了云梯，一定要攻取宋国。"

楚王召见鲁班。墨子解下衣带，用衣带当作城墙，用木片当作守城器械。鲁班九次使用攻城用的机巧多变的器械，墨子九次抵拒了他的进攻。鲁班攻城的器械用尽了，墨子的守御战术还绰（chuò）绰有余。

鲁班受挫，却说："我知道用什么办法对付你了，但我不说。"墨子说："我知道你要用什么方法对付我，我也不说。"楚王问原因。墨子回答："鲁班的意思不过是杀了我。杀了我，宋国没有人能守城，就可以攻取了。但是我的弟子禽（Qín）滑厘等三百多人，已经拿着我的守城器械，在宋国的都城上等待楚国入侵了。即使杀了我，守御的人也杀不尽啊。"楚王说："好，我不攻打宋国了。"

最终，墨子用一番机智言论消弭（mǐ）了一场战争。

增量发现

量量：增老师，我曾看过这样一句话："战争，记录的是一柄马刀、十万征骑，汉军所向披靡的时代荣光，也哭诉着征人枯骨、离人泪尽、人民家园破碎的血泪悲歌。"所以，老子才说"佳兵不祥"啊！

增老师：好用兵有它的弊端，只要有战争，受苦的总是劳苦大众。所以，兵革是不吉利的东西（"夫兵者，不祥之器"），大家都厌恶它（"物或恶之"），所以有道的人不使用它（"故有道者不处"）。

量量：武力是带来凶灾的东西，所以我们要尽量避免战争。即使在不得已的情况下发起战争，也要把损失减少到最小。

主题链接

不战而屈人之兵

公元前 284 年，燕将乐毅破齐后，赵惠文王命赵奢为将，攻齐地麦丘（今山东商河西北）。此前，赵军已多次进攻麦丘这个孤城，但由于麦丘粮草充足，守军中又有善于守城的墨家弟子相助，所以久攻不下。赵惠文王十分生气，命令赵奢一个月内拿下麦丘。

赵奢一到麦丘就发起进攻。赵括认为，采用硬攻的方法是很难在一个月内攻下麦丘的。从种种迹象看来，麦丘的粮食尽管没有完全吃光，但肯定是不多了。赵括希望父亲先搞清楚情况，暂停进攻，避免造成不必要的损失。但一个月的时间太短了，赵奢没有采纳赵括的建议，坚持下令攻城，赵军死伤严重，无功而返。赵括又劝说赵奢，如果像以前一样硬攻的话，必然要付出惨痛代价。

于是，赵奢决定从俘虏那里打开突破口，他询问俘虏城中情况，可是俘虏不肯开口。赵括便每天给这些俘虏提供饭食，对他们很客气，还让他们带粮食给城中的家人吃。俘虏被他们的诚意所打动，便悄悄地告诉赵括，城中的粮食不多，而且都被齐军控制了，百姓早已断粮，甚至开始吃人了。赵括又问齐军还能守多长时间，俘虏回答还能守几个月。得到这样的情报后，赵奢决定听从赵括的建议，停止进攻，把俘虏全部放了回去。

俘虏回去后，向百姓宣扬赵军的仁德，城中开始有百姓想出来投降了。齐将见俘虏给城中带来了骚动，便将他们关了起来，士兵和百姓对此都有怨言。

与此同时，赵奢命围城的赵军每天用抛石机把粮食抛入城中，之后就让他们回营休息。几天过后，守城的齐军派人把这些粮食送回去，并对赵奢说赵军要战就来战，不要再抛粮食了。赵奢让他回城里等着，但并不进攻，只是隔几天又继续向城里抛粮食。齐军忍无可忍，派人约赵奢择日决战，赵奢听从赵括的建议，拒绝与他见面。

过了几天，麦丘的人杀了守城的齐军将领开门投降。惠文王大悦，重赏赵奢和赵括。

35 适可而止
shì kě ér zhǐ

成语溯源

始制（制定，制作）有名，名亦既有，夫亦将知止，知止可以不殆（dài，危险）。

（选自《道德经》第三十二章）

成语释义

【适可而止】到了适当的程度就停止，不要过头。

增量阅读

孙武隐退

孙武，字长卿，齐国人，春秋时期著名的军事家、政治家，被尊称为兵圣。

当时，齐国内部矛盾重重，危机四伏，由于"四姓之乱"，孙武离开了故土齐国，来到南方新兴的吴国。

孙武来到吴国后，一面潜心研究兵法，观察吴国政治动向，一面与好友伍子胥亲密合作，协助吴王阖闾修运河、筑城垣（yuán），经国治军，发展生产，加强战备。他和伍子胥共同拟定了"三分疲楚"的持久消耗策略，仅一年时间，便令楚军不胜烦扰，战力消耗，士气低落，以至于用来牵制各国的重要据点也被一一击破。吴王本有意乘胜追击，直捣黄龙，但孙武阻止吴王这样做。他认为士卒多年征战，需要休养生息，况且大别山区附近还有夷族和若干小国没有臣服，南面来自越国的威胁也未清除，此时不宜出兵。

之后，吴国逐步攻占了大别山麓（lù）以东及汉水、淮河一带，使附近的小国和夷族全部臣服。而此时楚国攻伐唐、蔡两个小国，两国抵挡不住，向吴国求援。

在这一有利形势下，孙武抓住战机，奏请吴王攻楚。吴军越过大别山，宛如行于无人之径，未遭任何抵抗。当楚国发觉时，吴军早已抵达柏举，以逸待劳，一举击溃仓促来袭的楚军。楚军将帅之间本就钩心斗角，整体战力无以发挥，柏举之战后，士气更加低落，自此兵败如山倒。

公元前 496 年，阖闾在同越国作战时受伤身亡，其子夫差继位，孙武继续辅佐新君。公元前 490 年，齐国国君齐景公死亡，新君初立，齐国君臣不睦，国内形势一片混乱。得知这一情况，夫差决定出兵攻齐。于是，夫差率军北上会合鲁军，于五月攻克齐国博城（今山东泰安），进攻嬴城（今山东莱芜）。之后，吴齐两军在艾陵（今山东泰安）交战，吴军大胜，斩杀齐军三千多人，俘虏齐军主帅，缴获革车八百乘（shèng）。

公元前 482 年，吴王夫差与晋定公等诸侯在黄池（今河南封丘）会盟，吴国与晋国争当盟主。

从公元前 512 年被吴王阖闾任命为将，到公元前 482 年的黄池会盟，孙武为吴国效力了三十年，为吴国的强盛和称霸中原做出了杰出贡献。这三十年的戎马生涯，使孙武著成了名传千古的《孙子兵法》。

随着吴国兵力日盛，吴王夫差开始贪图享乐，骄奢淫逸，目空一切。孙武同夫差的分歧越来越大，最后隐退离去，不知所踪，唯留下兵法十三篇，传诵人间。

增量发现

量量：孙武为吴国效力三十年，当他看到吴王夫差不思进取、贪图享乐的时候，他一定很痛心吧！道不同不相为谋，孙武选择及时隐退正是一种适可而止的表现。

增老师：是呀，老子说，万物兴作就产生了各种名称（"始制有名"），各种名称既然已经制定了（"名亦既有"），就要知道适可而止（"夫亦将知止"），知道适可而止就可以避免危险了（"知止可以不殆"）。

量量：我们在日常生活中也要遵循适可而止的处事原则，特别是在物质追求方面，不要过分攀比，要量力而行。

主题链接

量力而行，适可而止

有个地主去拜访一位部落首领。首领说："你从这儿向西走，做一个标记，只要你能在太阳落山之前回来，从这儿到那个标记之间的土地都是你的了。"

太阳落山了，地主没有走回来，因为走得太远，他累死在路上。

贪心人走不回来，是因为贪。然而现实生活中还有一些人，他们不贪，可是也走不回来。下面就是一个令人啼笑皆非的故事。

有一位太太要在客厅里钉一幅画，请她的教授先生来帮忙。画已经在墙上扶好，正准备钉钉子，她先生说："这样不好，最好钉两个木块，把画挂上面。"太太遵循他的意见，让他去找木块。

木块很快就找来了，正要钉，他说："等一等，有点大，最好能锯(jù)掉点。"于是，他四处去找锯子。找来锯子，还没有锯两下，他又说："不行，这锯子太钝了，我得磨一磨。"

他家有一把锉(cuò)刀，锉刀拿来了，他又发现锉刀没有把柄。为了给锉刀安上把柄，他又去校园边的灌(guàn)木丛里寻找小树。要砍小树时，他又发现他那把生满老锈的斧头实在是不能用。他又找来磨刀石，为了固定住磨刀石，必须得制作几根固定磨刀石的木条。为此他又到校外去找一位木匠，说木匠家里有现成的。然而，这一走，就再也没见他回来。当然了，那幅画还是那位太太一边一个钉子把它钉在了墙上。这位太太去街上寻找她的先生，发现他正在帮木匠从五金交化商店里往外抬台笨重的电锯。

工作和生活中，有好多种走不回来的人。他们认为要做好一件事，必须去做前一件事，要做好前一件事，必须去做更前面的事。他们逆流而上，寻根探底，直至把最初的目的淡忘得一干二净。这种人看似忙忙碌碌，其实他们不知道自己在忙些什么。起初，个别人也许知道，然而一旦忙开了，还真不知道忙些什么了。

36 自知之明

zì zhī zhī míng

成语溯源

知人者智，自知者明（圣明、高明）。

（选自《道德经》第三十三章）

成语释义

【自知之明】指了解自己，对自己有正确的估计。

增量阅读

邹（Zōu）忌比美

邹忌身高八尺有余，长得非常英俊。

一天清晨，他穿戴好衣帽，照了照镜子，问他的妻子："我与城北的徐公相比，哪个更美？"

他的妻子回答："您太美了，徐公哪能比得上您呢？"

城北的徐公是齐国的美男子，邹忌不敢相信妻子的话，又去问他的小妾："我与徐公相比，哪个更美？"

小妾也说："徐公怎么能比得上您呢？"

后来，有位客人从外地来访，邹忌与客人坐在一起交谈时，又询问客人："我与徐公相比，谁更美？"

客人肯定地说："徐公不如你美！"

第二天，徐公来到邹忌家里。邹忌仔细地观察了他一番后，认为自己不如他美。徐公走后，邹忌又对着镜子反复看自己，更觉得远远不及人家。

夜晚，邹忌躺在床上想："妻子夸我美，是因为偏爱我；小妾夸我美，是因为害怕我；客人夸我美，是因为有求于我呀！"

增量发现

量量：增老师，我们中国有句古话是"人贵有自知之明"，它的意思就是认识别人是"智"（"知人者智"），了解自己才算"明"（"自知者明"）。

增老师：没错，老子这句话对于我们正确对待别人、正确认识自己很有帮助，它有利于我们正视自己的不足。

量量：要做到这一点很不容易，孔子说"三人行，必有我师焉"，我们要时刻保持谦虚的态度，认清自己的短处，并借鉴他人的长处，这样才有利于我们不断进步。

主题链接

爱因斯坦谢绝总统任命

1952年11月9日，爱因斯坦的老朋友，以色列首任总统魏茨（cí）曼逝世。魏茨曼逝世前一天，以色列驻美国大使就向爱因斯坦转达了以色列总理戴维·本－古里安的信，正式提请爱因斯坦为以色列国第二任总统的候选人。

当天晚上，一位记者给爱因斯坦打来电话，询问他："听说要请您出任以色列国总统，教授先生，您会接受吗？"

"不会。我当不了总统。"

"总统没有多少具体事务，他的位置是象征性的。教授先生，您是最伟大的犹太人。不，不，您是全世界最伟大的人。由您来担任以色列总统，象征犹太民族的伟大，再好不过了。"

"不，我干不了。"

爱因斯坦刚放下电话，电话铃又响了。这次是驻华盛顿的以色列大使打来的。大使说："教授先生，我是奉以色列国总理戴维·本－古里安的指示，再次询问您一下，如果提名您当总统候选人，您愿意接受吗？"

"大使先生，关于自然，我了解一点，关于人，我几乎一点也不了解。我这样的人，怎么能担任总统呢？请您向报界解释一下，给我解解围。"

大使进一步劝说："教授先生，魏茨曼总统也是教授呢。您能胜任的。"

"魏茨曼和我是不一样的。他能胜任，我不能。"

"教授先生，每一个以色列公民，全世界每一个犹太人，都在期待您呢！"

爱因斯坦的确被同胞们的好意感动了，但他想得更多的是如何委婉地拒绝大使和以色列政府，又不使他们失望，不让他们窘（jiǒng）迫。

不久，爱因斯坦登报发表声明，正式谢绝出任以色列总统。在爱因斯坦看来，当总统可不是一件容易的事。同时，他再次引用自己的话："方程对我更重要些，因为政治是为当前，而方程却是一种永恒的东西。"

积 累 与 运 用

一、根据意思填成语。

1. 到了适当的程度就停止，不要过头。（   ）
2. 上天对人的善恶会有公正的回报，即善有善报，恶有恶报。

                                （   ）

3. 指了解自己，对自己有正确的估计。（   ）
4. 原指兵革是不吉利的东西，后多用来指好用兵是不吉利的，意
为反对随意发动战争。（   ）

二、想一想，选取本单元学过的一个成语填写在括号里。

1. 酒可以喝，但要（   ），以免损害健康。
2. 善有善报，恶有恶报，（   ），所以我们要多做善事。
3. 因为我有（   ），知道自己在做什么，所以不会出乱子，
不会失控，更不会自寻烦恼。
4. 我们中国人不喜欢战争，因为（   ），但是，如果侵略
者侵犯我们，我们也不会退却。

第十单元

有人说：墨子代表真实，老子代表真理，孔子代表真诚，他们是中国人文精神的三驾马车。据《史记》记载，孔子曾两次专门拜访老子，一次在他刚过而立之年时，一次在他年逾知天命之后。孔子五十岁之后拜访老子时还说：弟子不才，虽精思勤习，然空游十数载，未入大道之门，故特来求教。

37 富在知足

fù zài zhī zú

成 语 溯 源

胜人者有力，自胜者强（含有果决的意思）。知足者富。

（选自《道德经》第三十三章）

成语释义

【富在知足】指真正的富有在于知道满足。

增量阅读

智伯索地

春秋末年，晋国已迅速走向衰落，公室势力急剧削弱，大权旁落，而晋国的异姓贵族迅速发展壮大起来。当时，范氏、中行氏、智氏、韩氏、魏氏、赵氏六卿控制了晋国的政治、经济和军事大权。晋公室已名存实亡，完全被架空了。与此同时，六卿之间也展开了激烈的明争暗斗。

在六卿之中，范氏、中行氏势力稍弱，但他们两家关系密切，中行氏荀寅（yín）与范氏范吉射结为姻亲之好。他们在与赵氏争夺邯郸的统治权时，赵简子把荀寅的外甥赵午杀死，因而他们与赵氏发生武装冲突，同时他们两家又和智氏、韩氏、魏氏不和，于是智伯联合赵氏、魏氏、韩氏，打着晋侯的招牌，向范氏、中行氏发起进攻。范氏、中行氏战败后逃往朝（Zhāo）歌（今河南淇县），四家平分了范氏、中行氏的田产家财。但智伯是个只知进取、不思退让的人，四家平分范氏、中行氏的家产以后，势力又取得了新的平衡，此时本该相安无事，谋求发展，而智伯认为灭范氏、中行氏，自己功劳最大，与其他三家平分战果，很不公平。所以，他仗着自己势力最强，便以振兴晋国的名义强迫韩康子割让出一个有一万户人家的城邑。

接着，智伯要求魏桓子也割让土地，魏桓子不肯。魏桓子的谋士任章劝说魏桓子："智伯无缘无故索要土地，邻国必定感到恐惧。这个人欲望太盛，贪得无厌，天下人必定很怕他。您现在如果把土地给他，他必定骄横轻敌，我们的邻邦因为怕他必定抱成一团。用抱成一团的军队来对付骄横轻敌的国家，智伯的性命恐怕不会长久了。"魏桓子将信将疑。任章继续说："《周书》上讲，想要打败它，必须暂且辅助它；想要夺取它，必须暂且给予它。您给他土地让他骄横，他便与天下人为敌，而不是单独把我国作为靶子了。"魏桓子恍然大悟，于是也割让出一个有一万户人家的城邑。

得到城邑后，智伯得意忘形，他随即向当时赵氏的继承人赵襄子（赵简子的儿子）索要土地，可赵襄子坚决不答应。智伯恼羞成怒，胁迫韩康子和魏桓子一同讨伐赵襄子，双方在晋阳对峙（zhì）了三年。赵襄子采纳谋士张孟谈的计策，说服韩康子和魏桓子倒戈，趁夜出兵偷袭智伯，将他杀死。

智伯因为贪得无厌，最终自食恶果。

增量发现

量量：增老师，人生最大的乐趣不正是不满足于现状，不断追求进步吗？这与老子说的"富在知足"有矛盾呢！

增老师：量量，你说得有一定道理。孟子说："孔子登东山而小鲁，登泰山而小天下。"如果你满足于登上东山，看到的将是有限的鲁地，怎能像登上泰山之巅那样把天下尽收眼底呢？不过，富在知足不是让我们原地踏步、故步自封，而是教导我们不要被欲望牵着鼻子走，要根据事态发展学会放下，这样才能内心富足。

量量：经过您的讲解，老子这段话的意思我总算明白了。老子说，战胜别人是有力（"胜人者有力"），超越自己才算坚强（"自胜者强"）。知道满足就是富有（"知足者富"）。

主题链接

穷人知足和富人无欢的故事

富人无欢，在厌倦了世间的荣华富贵后，决定告别人间。正当他准备自行了断时，看到了一无所有却十分快乐的穷人知足——拥有温暖的阳光，他感激地微笑着；能够自由地呼吸清新的空气，他开心地微笑着；面对路人，他坦诚地微笑着。他从来就没有什么烦心的事情，尽管身无分文，但是他的内心十分富足。

富人无欢从中得到启发，他决定放弃死亡，追寻曾经拥有的快乐。他把随身携带的99枚金币送给拥有快乐的穷人知足，祝福他从此更加快乐。

穷人知足得到了99枚金币，大喜过望。自此，他开始不"知足"起来，他有了攒足100枚金币的梦想。

于是穷人知足开始向路人乞讨，不单乞讨食物，更乞讨钱币。

随着穷人知足实现拥有 100 枚金币的愿望越来越强烈，他开始失去快乐。在他看来，这 99 枚金币的价值远远不如他梦想得到的第 100 枚金币的价值。此后，他向路人投去的不再是自然淳朴的微笑，而是一种贪婪（lán）、做作、近乎谄（chǎn）媚的笑颜，路人则报以不屑、惊恐或冷漠的表情，这让穷人知足的心理压力越来越大。他常常扪（mén）心自问："难道追求财富的梦想是错误的？难道渴望拥有财富也是错误的？"穷人知足在迷茫中忧虑、郁闷起来，身体变得越来越差。终于有一天，穷人知足病倒了。

富人无欢得知穷人知足住院的消息后，决定去看望他，因为知足曾经使自己对财富和快乐有了新的感悟。

富人无欢赶到医院，原本已奄（yǎn）奄一息的知足在得知探视者就是赠送自己 99 枚金币的富人时，谄媚地笑着说："先生，您当时为什么不送我 100 枚金币呢？拥有 100 枚金币，那可是我的愿望啊！"

富人无欢回答："我当时身上只带了 99 枚金币，我把它们全部送给了你以示感谢，因为正是你的快乐，使我重新鼓起生活的勇气。当然，如果你需要，我现在就可以再给你一枚金币。"

穷人知足接过那枚金光闪闪的金币，舒心地笑了，然后永远合上了眼睛。

38 suī sǐ yóu shēng
虽 死 犹 生

成语溯源

强行（勤勉力行）者有志。不失其所者久。死而不亡（身死而道犹存）者寿。

（选自《道德经》第三十三章）

成语释义

【虽死犹生】虽然死了，但如同活着一样。形容死得有价值、有意义。

增量阅读

宁死不屈的文天祥

文天祥，南宋末年政治家、文学家、民族英雄，与陆秀夫、张世杰并称为"宋末三杰"。

文天祥所处的时代，正是蒙古族向南宋发动进攻的时代。公元 1271 年，蒙古汗国改称大元，建立元朝。公元 1273 年，元军攻下南宋军民坚守五年的襄阳，打开了南宋的大门。公元 1274 年，元军兵分三路直趋临安，临安危在旦夕。

当时，南宋的许多文官武将贪生怕死，不是弃城逃跑，就是不战而降。一时间，朝廷内外惊慌失措。国家兴亡，匹夫有责，在这危急时刻，文天祥挺身而出。公元 1275 年，他毅然变卖家产，招兵买马，投入轰轰烈烈的抗元斗争中。在文天祥的号召下，许多军民闻风而起，有的来投奔文天祥，有的则在各地起兵，互为声援，抗击元军的力量一时声势大增。

然而，南宋朝廷软弱无能，抗元大军的战斗力又远不如骁勇善战的元军，这场抗元斗争终以失败告终。

1278 年，文天祥不幸被元军俘虏。投降元军的张弘范前来劝降，被文天祥一口拒绝。张弘范又让他给坚持斗争的南宋爱国将领写劝降信，他便写下一首《过零丁洋》作为答复。

辛苦遭逢起一经，干戈寥（liáo）落四周星。

山河破碎风飘絮（xù），身世浮沉雨打萍。

惶恐滩头说惶恐，零丁洋里叹零丁。

人生自古谁无死？留取丹心照汗青。

1279 年，南宋灭亡。文天祥被押送到元朝首都——大都，关在地牢里。元朝统治者软硬兼施、威逼利诱，始终无法动摇文天祥誓死效忠国家的决心。

文天祥被关在地牢里三年，受尽了折磨。1283 年，元朝统治者知道无法逼他投降，又听说不少地方有营救文天祥的举动，怕日久生变，便决定处死他。临刑前，文天祥朝南方拜了几拜，之后从容赴死。

文天祥精忠报国、宁死不屈，最后以身殉国，表现了崇高的民族气节。虽然他离开我们已经七百多年了，但他的浩然正气千秋常在。

增量发现

量量：增老师，我发现"虽死犹生"是个褒义词，把生和死颠倒一下，就成了"虽生犹死"，含义与"虽死犹生"正好相反。

增老师：是的，我们形容革命烈士可以用"虽死犹生"，形容卖国贼则可以用"虽生犹死"。另外，一个人很痛苦地活着，觉得生活没有希望，也可以讲他"虽生犹死"。

量量：历史上"虽死犹生"的人还真不少呢！比如屈原、岳飞、文天祥、史可法、秋瑾、李大钊和方志敏等，他们用行动提升了生命的意义和价值。

增老师：没错，所以老子说，努力不懈的就是有志（"强行者有志"）。不丢失根基的就能长久（"不失其所者久"）。身死而精神不朽的才是长寿（"死而不亡者寿"）。

主题链接

孔繁森的光辉事迹

孔繁森，1944 年出生于山东聊城一个贫苦的农民家庭。他18 岁参军，在部队干了 7 年，1966 年加入中国共产党。1969 年复员后，他先当工人，后被提拔为国家干部。1979 年，国家要从内地抽调一批干部到西藏工作，时任聊城地委宣传部副部长的孔繁森主动报名，请人写了"是七尺男儿生能舍己，作千秋鬼雄死不还乡"的条幅。刚到西藏，他又写下"青山处处埋忠骨，一腔热血洒高原"的豪言壮语，以此铭（míng）志。

进藏以后，原定孔繁森担任日喀（kā）则地委宣传部副部长。当地党委考虑到他年轻能干，征求本人的意见后，派他到海拔更高的岗巴县任县委副书记。在岗巴工作 3 年，他跑遍了全县的乡村、牧区，访贫问苦，和当地群众一起干农活、修水利。

1988 年，孔繁森在母亲年迈、3 个孩子尚未成年、妻子体弱多病的情况下，仍然克服困难，再次带队进藏，任拉萨市副市长，分管文教、卫生和民政工作。为了发展当地教育事业，他跑遍了全市 8 个区县的所有公办学校和一半以上的村办小学，拉萨的适龄儿童入学率从 45％提高到 80％。

全市 56 个敬老院和养老院，他走访过 48 个，给孤寡老人送去了党和政府的温暖。因西藏偏远地区医疗卫生条件较差，他每次下乡时都特地带一个医疗箱，买上数百元的常用药，送给急需的农牧民。一个医药箱虽然解决不了所有问题，但对患者来说，却往往是雪中送炭。

1992 年底，孔繁森第二次进藏工作期满，但他选择继续留在西藏，担任阿里地委书记。为了摸清实际情况，他深入调查研究，求计问策，寻找带领群众脱贫致富的路子。不到两年时间，全地区 106 个乡，他跑遍了 98 个。阿里是西藏最偏僻、平均海拔最高的地区，外出时常常一天也看不到一个人影。他们饿了就吃口风干的牛羊肉，渴了就喝口山上流下来的雪水。条件虽然艰苦，孔繁森却乐观风趣地对随行人员说："快尝尝，这是上等的矿泉水，高原没有污染，等我们开发出来了，让外国人花美元来买！"在孔繁森的带领下，阿里经济有了较快发展。

1994 年 11 月 29 日，孔繁森完成任务返回阿里途中，不幸发生车祸，以身殉（xùn）职，时年 50 岁。

孔繁森同志的一生，是一个共产党员不懈奋斗的一生，是无私奉献的一生，是全心全意为人民服务的一生。一个生命不可能延缓到永远，他的精神却可以永世长存。淡泊名利的孔繁森就像一面镜子，折射着人世间最真、最善、最美的光辉！

39 自高自大
zì gāo zì dà

成语溯源

衣养（护养）万物而不为主（主宰），可名于小；万物归焉而不为主，可名为大。以（因为）其终不自为大，故能成其大。

（选自《道德经》第三十四章）

成语释义

【自高自大】自以为了不起。

增量阅读

历史上最自高自大的皇帝

公元 1004 年，辽国派精兵二十万南下攻宋，兵临澶（Chán）州（今河南濮阳），威胁都城汴梁。当时，参知政事王钦若建议逃往金陵，宰相寇準（zhǔn）则力排众议，劝皇帝亲征。宋军在寇準调度下，多次打退辽军进攻，双方数十万大军对峙于澶州城下，一时难分高下。十二月，双方订立和议，规定宋朝每年交给辽国绢二十万匹、银十万两以换取和平，此次盟约被称为"澶渊之盟"。

"澶渊之盟"结束了宋辽之间四十多年来的敌对状况，开始了大体上和平相处的新局面。宋真宗因此非常钦佩寇準，王钦若妒火中烧，开始施展小人伎俩，说寇準力请真宗亲征是孤注一掷的行为，"澶渊之盟"是城下之盟，不以为耻反以为荣。王钦若的一席话让宋真宗彻底颠覆了对"澶渊之盟"的看法。公元 1006 年，寇準以"无大臣体"被罢免丞相之职。

赶走了寇準，宋真宗心里还是闷闷不乐。他问王钦若："怎样才能洗刷城下之盟的耻辱呢？"王钦若知道宋真宗怕打仗，便建议他封禅以粉饰太平。封禅是秦汉以来帝王建有非常功业，并得到上天所赐的"祥瑞"才能进行的所谓"大功业"。

于是，君臣二人开始紧锣密鼓地操办这件"大功业"，并向亲近大臣送去厚礼，借此得到助力。得了好处的大臣很快就明白了宋真宗的意思，大家齐心协力，投入一场轰轰烈烈的封禅大戏中去。

公元1008年，宋真宗给群臣讲了一个神人托梦降天书的神奇故事。大臣们曲意逢迎，纷纷上书，争言天书乃瑞符，齐颂盛世太平。为帮助宋真宗实现封禅大愿，丞相王旦亲率两万多人到宫门前请愿，连续多次上表请求封禅，宋真宗假借服从天命，打通各路关节，下诏十月封禅泰山，宋真宗的大功业最终"功德圆满"。

泰山封禅只是宋真宗自我陶醉、自我膨胀的开始。之后，宋真宗带着"天书"祭祀地神于社首山（今泰安西南），去曲阜祭祀孔子，奔赴山西汾（Fén）阴祭祀后土，去亳（Bó）州（今属安徽）太清宫祭祀老子。上至文武百官，下至僧道庶民，迅速掀起一股献媚邀宠之风，竭尽全力帮助宋真宗粉饰太平。

这场空前绝后的"造神"运动旷日持久，浪费了大量钱财，致使国库空虚，这为日后宋朝的财政危机种下了祸根。之后，大宋爆发大范围的旱灾、蝗灾，因国库空虚，连救灾的钱都拿不出来。

宋真宗整日沉溺于天书瑞符、东封西祀的"大功业"之中，忘记了采取"怀柔"政策安抚的西北党项部落，导致定难军节度使李继迁的后代羽翼逐渐丰满，多次击败北宋和辽国军队，成为宋王朝的心腹大患。

宋真宗晚年多病，经常无法亲临朝政，由皇后刘氏协助处理政事。仁宗继位后，皇太后刘氏垂帘听政达 11 年之久。

按说宋真宗本有条件成为像汉文帝那样名垂千古的有为之君，却为了虚名自导自演了一出出闹剧，成为后人的笑柄。

增量发现

量量：增老师，与自高自大意思相近的成语有很多，如不可一世、得意忘形、目空一切、旁若无人、妄自尊大、唯我独尊、夜郎自大、趾高气扬。但要理解成语的本意，还是要回到原文中去，您能解释一下老子这段话的意思吗？

增老师：老子说，护养万物而不自以为主宰（"衣养万物而不为主"），可以称它为"小"（"可名于小"）；万物归附而不自以为主宰（"万物归焉而不为主"），可以称它为"大"（"可名为大"）。由于它不自以为伟大（"以其终不自为大"），所以才能成就它的伟大（"故能成其大"）。这句话其实是说"道"的作用，并借"道"来宣扬顺其自然而不为主宰的精神。

量量：我明白了。我们普通人也应该具备这样的素质，不要做出一点功绩便自高自大、自以为是，而应该回归质朴，这样才能不断丰富个人涵养。

夜郎自大

西汉时期，西南方有个名叫夜郎的小国家。它虽然是一个独立的国家，可是人口稀少，土地稀薄，物产更是少得可怜。但由于夜郎国是这片区域中最大的国家，从没离开过自己国家的夜郎国国王就以为自己统治的国家是全天下最大的国家。

有一天，夜郎国国王与部下巡视国境的时候，他指着前方说："这里哪个国家最大呀？"部下为了迎合国王的心意，于是说："当然是夜郎国最大！"走着走着，国王又抬起头来，望着前方的高山问："天底下还有比这座山更高的山吗？"部下回答："天底下没有比这座山更高的山了。"后来，他们来到河边，国王又说："这应该是世界上最长的河川。"部下仍然异口同声地回答："大王说得一点都没错。"从此以后，无知的国王便更相信夜郎是天底下最大的国家。

汉武帝开发西南夷后，为寻找通往身毒国（今印度）的通道，于公元前122年派遣使者到达夜郎的邻国滇（Diān）国，滇王问使者："汉朝和我国相比，哪个更大？"使者哑然失笑，他没想到这个小国家竟然以为能与汉朝相比。后来，使者到达夜郎国，骄傲无知的夜郎国国王不知道自己统治的国家只和汉朝的一个县差不多大，竟然不知天高地厚地询问使者："汉朝和我的国家哪个大？"

从此，"夜郎自大"这个成语便用来比喻某人孤陋寡闻，妄自尊大。

40 欲取姑予
yù qǔ gū yǔ

成语溯源

　　将欲歙（xī，收敛、收拢）之，**必固**（必然、一定）张之；将欲弱之，**必固**强之；将欲废之，**必固**兴之；将欲取（夺取）之，**必固**与（给予）之，是谓微明（征兆、先兆）。

（选自《道德经》第三十六章）

成语释义

　　【欲取姑予】要想得到他人的东西，必得暂时先给予他人一些东西。

增量阅读

郑武公"欲擒故纵"灭胡国

　　郑武公，春秋时期郑国的第二任国君。

　　公元前763年，郑国公欲吞并邻邦胡国。当时，胡国虽是个小诸侯国，但兵强马壮，国人英勇善战，郑国若是贸（mào）然出击，未必能获胜。于是，郑武公想出一个欲擒故纵的计策：他假意与胡国通好，把自己美丽的女儿下嫁给胡国国君。郑国公主肩负重任，她一方面引诱胡国国君整日沉醉于花天酒地中，无心国政，一方面为郑武公打探胡国的政治和军事情报。

　　有一天，郑武公假意召开如何攻打小国、拓展国土的秘密会议。大夫关其思不知情，大胆进谏（jiàn）："目前看来，胡国可以攻伐。"

郑武公大怒道："胡说，我们是兄弟之邦，怎么可以讨伐呢？更何况我把公主嫁了过去，如果杀死胡国国君，我女儿岂不成了寡妇？"这个消息马上就传到了胡国，胡国国君得知此事后大受感动，他把郑武公当作自己的亲人，自此对郑国完全放松了警惕，他自己也更加放纵自流了。不久，郑武公下令攻打胡国，胡国毫无防备，郑国军队长驱直入，很快便攻克了胡国，胡国疆域全归郑国所有。

增量发现

量量：增老师，郑武公把公主嫁给胡国国君，是为了攻占胡国。这应该就是"欲取姑予"的战略吧？这种给予不是无偿的，而是为了得到更多。

增老师：没错，就像钓鱼时用鱼饵诱鱼上钩，投放鱼饵是为了钓到鱼。鱼要吃到食物，就得冒着付出生命的危险。鱼饵被鱼吃掉，鱼却跑了，谋略也就失败了。

量量：想要获取果实，必须先为果树浇水、施肥；想要获得好成绩，必须先付出心血和汗水。我们不可想着不劳而获，要收获必须先付出。

增老师：说得真好。现在我们一起来看看老子这句话，相信会有更深刻的理解。想要收敛它，必先扩张它（"将欲歙之，必固

张之"）；想要削弱它，必先增强它（"将欲弱之，必固强之"）；想要废弃它，必先振兴它（"将欲废之，必固兴之"）；想要夺取它，必先给予它（"将欲取之，必固与之"）。

主题链接

每天一美元

美国有一个老职工退休了，他向往清静的生活，便住到了乡下。可没想到，第二天就来了一群野小子，他们以踢垃圾桶为乐，吵得这个老人根本没有办法睡觉。他觉得这样下去，恐怕老命都得搭上了。于是，他想了一个好办法。他对那群野小子说："我最喜欢听你们踢垃圾桶了，声音多好听，像摇滚乐一样。从今以后，你们每天都来踢，我给你们每人一美元。"那群野小子高兴极了，第二天就来踢，踢完以后每人都获得一美元，一连几天，天天如此。可是突然有一天，老人对孩子们说："现在物价太高了，我没办法每天给你们每人一美元了，我只能每天给你们每人 0.5 美元。"孩子们想，0.5 美元就 0.5 美元吧。过了几天，老人又对他们讲："以后我每天只能给你们每人 0.2 美元了。"这次，孩子们不高兴了，谁愿意每天为了 0.2 美元来踢垃圾桶给老人听呢？自此以后，这群野孩子再也没踢过垃圾桶了，乡村终于迎来了难得的宁静。

生活是需要智慧的。有时候，当你想从别人那里获得什么的时候，必先暂时给予别人什么。老人正是以这种方法，获得了期待已久的宁静。

积 累 与 运 用

一、根据意思填成语。

1. 真正的富有在于知道满足。（　　　　　　）

2. 要想得到他人的东西，必得暂时先给予他人一些东西。

（　　　　　　　　）

3. 虽然死了，但如同活着一样。形容死得有价值、有意义。

（　　　　　　　　）

4. 自以为了不起。（　　　　　　）

二、想一想，选取本单元学过的一个成语填写在括号里。

1. 不断为人类创造价值的人，即使离开这个世界，也（　　　　　　）。

2. 郑武公想攻占胡国，便采取（　　　　　　）的谋略，将自己的
女儿嫁给了胡国国君，借此麻痹（bì）他，令他放松警惕。

3. 即使你聪明伶俐，也不要（　　　　　　），因为还有人和你一样
聪明，甚至比你更聪明。

4. 人的一生中会遇到各种各样的诱惑，让我们常常在一些不必要
的事情上驻足，懂得（　　　　　　）的道理，才能坚持不懈地
向目标前进。

《道德经》之《道经》

❶ 道可道，非常道；名可名，非常名。无，名天地之始；有，名万物之母。故常无，欲以观其妙；常有，欲以观其徼。此两者，同出而异名，同谓之玄。玄之又玄，众妙之门。

❷ 天下皆知美之为美，斯恶已；皆知善之为善，斯不善已。有无相生，难易相成，长短相形，高下相盈，音声相和，前后相随。是以圣人处无为之事，行不言之教；万物作而不为始，生而不有，为而不恃，功成而弗居。夫唯弗居，是以不去。

❸ 不尚贤，使民不争；不贵难得之货，使民不为盗；不见可欲，使民心不乱。是以圣人之治，虚其心，实其腹，弱其志，强其骨。常使民无知无欲。使夫智者不敢为也。为无为，则无不治。

❹ 道冲，而用之或不盈。渊兮，似万物之宗。挫其锐，解其纷，和其光，同其尘。湛兮，似或存。吾不知谁之子，象帝之先。

❺ 天地不仁，以万物为刍狗；圣人不仁，以百姓为刍狗。天地之间，其犹橐籥乎！虚而不屈，动而愈出。多言数穷，不如守中。

❻ 谷神不死，是谓玄牝。玄牝之门，是谓天地根。绵

绵若存，用之不勤。

⑦ 天长地久。天地所以能长且久者，以其不自生，故能长生。是以圣人后其身而身先，外其身而身存。非以其无私邪？故能成其私。

⑧ 上善若水。水善利万物而不争，处众人之所恶，故几于道。居善地，心善渊，与善仁，言善信，政善治，事善能，动善时。夫唯不争，故无尤。

⑨ 持而盈之，不如其已。揣而锐之，不可长保。金玉满堂，莫之能守；富贵而骄，自遗其咎。功遂身退，天之道也。

⑩ 载营魄抱一，能无离乎？专气致柔，能如婴儿乎？涤除玄览，能无疵乎？爱民治国，能无为乎？天门开阖，能为雌乎？明白四达，能无知乎？生之畜之。生而不有，为而不恃，长而不宰，是谓玄德。

⑪ 三十辐，共一毂，当其无，有车之用。埏埴以为器，当其无，有器之用。凿户牖以为室，当其无，有室之用。故有之以为利，无之以为用。

⑫ 五色令人目盲；五音令人耳聋；五味令人口爽；驰骋畋猎，令人心发狂；难得之货，令人行妨。是以圣人为腹不为目，故去彼取此。

⑬ 宠辱若惊，贵大患若身。何谓宠辱若惊？宠为下，得之若惊，失之若惊，是谓宠辱若惊。何谓贵大患若身？吾所以有大患者，为吾有身，及吾无身，吾有何患？故贵以身为天下，若可寄天下；爱以身为天下，若可托天下。

⑭ 视之不见，名曰"夷"；听之不闻，名曰"希"；搏之不得，名曰"微"。此三者不可致诘，故混而为一。其上不皦，其下不昧，绳绳

不可名，复归于无物。是谓无状之状，无物之象，是谓惚恍。迎之不见其首；随之不见其后。执古之道，以御今之有。能知古始，是谓道纪。

⑮ 古之善为士者，微妙玄通，深不可识。夫唯不可识，故强为之容：豫兮若冬涉川；犹兮若畏四邻；俨兮其若客；涣兮其若释；敦兮其若朴；旷兮其若谷；混兮其若浊；孰能浊以静之徐清，孰能安以动之徐生。保此道者，不欲盈。夫唯不盈，故能蔽而新成。

⑯ 致虚极，守静笃。万物并作，吾以观复。夫物芸芸，各复归其根。归根曰静，静曰复命。复命曰常，知常曰明。不知常，妄作凶。知常容，容乃公，公乃全，全乃天，天乃道，道乃久，没身不殆。

⑰ 太上，下知有之；其次，亲而誉之；其次，畏之；其次，侮之。信不足焉，有不信焉。悠兮其贵言。功成事遂，百姓皆谓：我自然。

⑱ 大道废，有仁义；六亲不和，有孝慈；国家昏乱，有忠臣。

⑲ 绝圣弃智，民利百倍；绝仁弃义，民复孝慈；绝巧弃利，盗贼无有。此三者以为文，不足。故令有所属：见素抱朴，少私寡欲。

⑳ 绝学无忧。唯之与阿，相去几何？美之与恶，相去若何？人之所畏，不可不畏。荒兮，其未央哉！众人熙熙，如享太牢，如春登台。我独泊兮，其未兆，如婴儿之未孩；儽儽兮，若无所归。众人皆有余，而我独若遗。我愚人之心也哉！沌沌兮！俗人昭昭，我独昏昏。俗人察察，我独闷闷。澹兮其若海，飘兮若无止。众人皆有以，而我独顽且鄙。我独异于

人，而贵食母。

21 孔德之容，惟道是从。道之为物，惟恍惟惚。惚兮恍兮，其中有象；恍兮惚兮，其中有物。窈兮冥兮，其中有精；其精甚真，其中有信。自今及古，其名不去，以阅众甫。吾何以知众甫之状哉！以此。

22 曲则全，枉则直，洼则盈，敝则新，少则得，多则惑。是以圣人执一为天下式。不自见，故明；不自是，故彰；不自伐，故有功；不自矜，故能长。夫唯不争，故天下莫能与之争。古之所谓曲则全者，岂虚言哉！诚全而归之。

23 希言自然。故飘风不终朝，骤雨不终日。孰为此者？天地。天地尚不能久，而况于人乎？故从事于道者，同于道；德者，同于德；失者，同于失。同于德者，道亦德之；同于失者，

道亦失之。信不足焉，有不信焉。

24 企者不立；跨者不行；自见者不明；自是者不彰；自伐者无功；自矜者不长。其在道也，曰：余食赘行，物或恶之，故有道者不处。

25 有物混成，先天地生。寂兮寥兮，独立不改，周行而不殆，可以为天下母。吾不知其名，强字之曰道，强为之名曰大。大曰逝，逝曰远，远曰反。故道大，天大，地大，人亦大。域中有四大，而人居其一焉。人法地，地法天，天法道，道法自然。

26 重为轻根，静为躁君。是以君子终日行不离辎重。虽有荣观，燕处超然。奈何万乘之主，而以身轻天下。轻则失根，躁则失君。

27 善行无辙迹；善言无瑕谪；善数不用筹策；善闭无关楗而不可开；善结无绳

约而不可解。是以圣人常善救人，故无弃人；常善救物，故无弃物。是谓袭明。故善人者，不善人之师；不善人者，善人之资。不贵其师，不爱其资，虽智大迷，是谓要妙。

㉘ 知其雄，守其雌，为天下谿。为天下谿，常德不离，复归于婴儿。知其白，守其黑，为天下式。为天下式，常德不忒，复归于无极。知其荣，守其辱，为天下谷。为天下谷，常德乃足，复归于朴。朴散则为器，圣人用之，则为官长，故大制不割。

㉙ 将欲取天下而为之，吾见其不得已。天下神器，不可为也，不可执也。为者败之，执者失之。故物或行或随；或嘘或吹；或强或羸；或培或堕。是以圣人去甚，去奢，去泰。

㉚ 以道佐人主者，不以兵强天下。其事好还。师之所处，荆棘生焉。大军之后，必有凶年。善有果而已，不敢以取强。果而勿矜，果而勿伐，果而勿骄，果而不得已，果而勿强。物壮则老，是谓不道，不道早已。

㉛ 夫兵者，不祥之器，物或恶之，故有道者不处。君子居则贵左，用兵则贵右。兵者不祥之器，非君子之器，不得已而用之，恬淡为上。胜而不美，而美之者，是乐杀人。夫乐杀人者，则不可得志于天下矣。吉事尚左，凶事尚右。偏将军居左，上将军居右。言以丧礼处之。杀人之众，以悲哀泣之，战胜以丧礼处之。

㉜ 道常无名、朴。虽小，天下莫能臣。侯王若能守之，万物将自宾。天地相合，以降甘露，民莫之令而自均。始制有名，名亦既有，夫亦将知止，知止可以

不殆。譬道之在天下，犹川谷之于江海。

33 知人者智，自知者明。胜人者有力，自胜者强。知足者富。强行者有志。不失其所者久。死而不亡者寿。

34 大道泛兮，其可左右。万物恃之以生而不辞，功成而不有。衣养万物而不为主，可名于小；万物归焉而不为主，可名为大。以其终不自为大，故能成其大。

35 执大象，天下往。往而不害，安平太。乐与饵，过客止。道之出口，淡乎其无味，视之不足见，听之不足闻，用之不足既。

36 将欲歙之，必固张之；将欲弱之，必固强之；将欲废之，必固兴之；将欲取之，必固与之，是谓微明。柔弱胜刚强。鱼不可脱于渊，国之利器不可以示人。

37 道常无为而无不为。侯王若能守之，万物将自化。化而欲作，吾将镇之以无名之朴。无名之朴，夫亦将不欲。不欲以静，天下将自正。